Neue Schläuche für jungen Wein

Auch füllt man nicht jungen Wein in alte Schläuche.
Sonst reißen die Schläuche, der Wein läuft aus
und die Schläuche sind unbrauchbar.
Jungen Wein füllt man in neue Schläuche,
dann bleibt beides erhalten.

Mt 9,17

Paul M. Zulehner

Neue Schläuche für jungen Wein

Unterwegs in eine neue Ära der Kirche

Patmos Verlag

VERLAGSGRUPPE PATMOS

PATMOS
ESCHBACH
GRÜNEWALD
THORBECKE
SCHWABEN

Die Verlagsgruppe
mit Sinn für das Leben

Für die Verlagsgruppe Patmos ist Nachhaltigkeit ein wichtiger Maßstab
ihres Handelns. Wir achten daher auf den Einsatz umweltschonender
Ressourcen und Materialien.

Umschlaggestaltung: Finken & Bumiller, Stuttgart
Umschlagabbildung: Bild oben: © KNA
Bild unten: © Bruno Weltmann / shutterstock.com
Satz: Schwabenverlag AG, Ostfildern
Druck: CPI books GmbH, Leck
Hergestellt in Deutschland
ISBN 978-3-8436-0984-5 (Print)
ISBN 978-3-8436-0985-2 (eBook)

Inhalt

Einführung

In den letzten Jahren haben viele Diözesen im deutschsprachigen Raum mit hohem Einsatz an Sitzungen und fachkundiger profaner Organisations- und Personalentwicklung ihre Strukturen umgebaut. Der Beweggrund: Sie müssen künftig mit weniger Personal, Mitgliedern und Finanzen auskommen. Der herkömmliche Pastoralbetrieb wird dazu teilweise heruntergefahren. Von einem „downsizing eines auslaufenden Kirchenbetriebs" ist die Rede.

Betroffen ist von diesem Umbau nicht nur das hauptamtliche Personal und in diesem die dramatisch sinkende Zahl an einsatzfähigen Priestern. Der Umbau tangiert zumindest ebenso stark die Pfarreien. Deren Zahl wird in manchen Diözesen durch Auflösung und Fusionen drastisch vermindert. Solche Fusion hinterlässt nicht selten Konfusion. In vielen Gemeinden hat sich Depression breitgemacht. Zwar versuchen Strukturreformer Aufbruchstimmung zu erzeugen. Eine „missionarische Chance" wird beschworen. Nicht wenige Verantwortliche in den Gemeinden haben dabei aber das Gefühl, sie müssten einen „Hund zum Jagen tragen". Es gibt nur ganz wenige (zumeist finanziell ramponierte) Pfarreien, die von sich aus ihre Auflösung bzw. Fusionierung beantragen.

Manche Diözesen befinden sich derzeit bereits in einer zweiten Umbauphase. XXL-Pfarreien entstehen. Priester mutieren von Seelsorgern zu Managern von pastoralen Mittelunternehmen. Ist das die Zukunft?

Ein solcher Kirchenumbau ist ein unumgängliches Forschungsthema für die Pastoraltheologie. Dabei hat es viele Facetten. Zu fragen ist, was der Umbau mit den Verantwortlichen in den Diözesen macht. Sodann gilt es die Auswirkungen auf das hauptamtliche Personal zu bedenken. Eine SeelsorgerInnenstudie im deutschsprachigen Raum hat mit bewährten sozialpsychologischen Testskalen die Zufriedenheit der Hauptamtlichen in den Blick genommen. Zuletzt hat Christoph Jacobs die Studie in der Erzdiözese Wien durchgeführt. Von den reichhaltigen Ergebnissen hat die Feststellung einer relativ hohen Zufriedenheit der Priester den Weg in die Öffentlichkeit gefunden, begleitet von Hinweisen auf Alkoholismus, Übergewicht und wenig Sport. Betont wurde auch, dass die Anzahl der Pfarreien, für die ein Priester verantwortlich ist, die Zufriedenheit nicht beeinflusse. Viel wichtiger sei es, den wachsenden Stress spirituell unter Kontrolle zu halten.

Ich selber habe mich mit dem Strukturumbau schon mehrere Jahre forscherisch befasst. Durchgeführt wurden jeweils Fallstudien. Dabei hat sich reichliches Material angesammelt, das ich in diesem pastoraltheologischen Essay in die Diskussion über den Strukturumbau der Kirche(n) einbringen will. Es handelt sich um drei Studien, deren Entstehen einleitend vorgestellt wird. Alle drei haben im deutschsprachigen Raum stattgefunden.

Region Rhein-Mosel-Ahr (2003)

Im Jahre 2003 war ich von der Leitung der damals in der Diözese Trier noch bestehenden *Region Rhein-Mosel-Ahr* von Regionaldekan Helmut Schmidt zu einer Pastoraltagung mit den Hauptamtlichen der Region eingeladen worden. Es ging damals um die Frage, wie die Pfarrgemeinden in der Region gemeinsame pastorale Synergien entwickeln können. Es galt zu klären, was die Pfarreien eigenverantwortlich selbst an Ort und Stelle machen und welche Aufgaben besser gemeinsam in unterschiedlichen Räumen – einer Seelsorgseinheit, einem Dekanat, einer Region – angegangen werden sollen. Diese Fallstudie hat wichtige erste Ergebnisse gebracht. Die Fragestellung wurde vertieft. Die Basis für weitere Forschungsschritte war gelegt.[1]

Onlineumfrage Erzdiözese Wien (2012)

Der nächste Schritt bot sich in meiner eigenen *Erzdiözese Wien* an. Kardinal Christoph Schönborn mutet der Diözese einen tief greifenden Strukturprozess zu; aus 650 „Pfarren alt" sollen 150 „Pfarren neu" werden. Ich habe in eigener Initiative im Jahr 2012 online eine Begleitstudie gemacht, die vor allem erhellen sollte, wie diese Reform auf die Betroffenen wirkt.

An dieser Erhebung haben sich 1258 Personen beteiligt, von denen 88% aus der Erzdiözese Wien selbst waren. Gut verteilt sind die Beteiligten nach Geschlecht: 40% Frauen, 53% Männer. Die Altersverteilung ist weit günstiger als die unserer Gottesdienstgemeinden: 20–29 Jahre (3,4%), 30–39 Jahre (6,5%), 40–49 Jahre (20,9%), 50–59 Jahre (24,8%), 60–69 Jahre (24,2%), 70 und mehr (12,6%). In auswertbarer

---

1 | Zulehner, Paul M.: Raumgerechte Pastoral. Eine Fallstudie für die Region Rhein-Mosel-Ahr im Bistum Trier, Wien 2003, in: http://www.zulehner. org/site/forschung/entwicklungpastoralerraum. Bei dieser Fallstudie handelt es sich um eine Vollerhebung unter den Hauptamtlichen. 45 Personen (von 70 teils fluktuierenden Tagungsteilnehmenden) haben sich auswertbar beteiligt. Die Altersverteilung zwischen den Laien (40%, zumeist Hauptamtliche) und den Amtsträgern (60%, die meisten Priester, aber auch ein paar Diakone) war sehr verschieden. Priester (53 Jahre) waren im Schnitt deutlich älter als die Laien (44 Jahre).

9

Stärke sind die Priester (10%) vertreten, dazu kommen Laien (80%) und Diakone (2%). Eine Frage richtete sich auf die Art des Commitments: ja, regelmäßige ehrenamtliche Mitarbeit (35%), ja, gelegentlich (17%), keine ehrenamtliche Mitarbeit (12%); besonders herausgegriffen wurden die beiden Gruppen Pfarrgemeinderätin/Pfarrgemeinderat (23%), ReligionslehrerIn (23%). Für hauptamtliche Laien wurde leider keine eigene Kategorie vorgesehen: Sie sind unter den „Laien" zu finden. Auch die Verteilung der Befragten auf die drei Vikariate ist für die Auswertung günstig: 20% gehören zum Vikariat Nord, 22% zum Vikariat Süd, 38% zum Vikariat Stadt. Es haben sich zudem 12% an der Umfrage beteiligt, die nicht zur Erzdiözese Wien gehören.[2] Mithilfe vielfältiger Daten ist es gelungen, je nach Haltung zur Diözesanreform drei Hauptgruppen abzugrenzen: Befürworter, Verhandlungsbereite sowie Widerständige.

Onlineumfrage zum pastoralen Raum (2016)

2016 habe ich wieder auf die Erfahrungen von Trier 2003 zurückgegriffen. Neuerlich führte ich dieses Mal im deutschen Sprachraum eine *Onlineumfrage zur Raumgerechtigkeit verschiedener pastoraler Vorgänge* durch. Es wurden auch Fragen zu den Erfahrungen der Betroffenen mit Strukturreformen gestellt.

Der Steckbrief der Beteiligten: Die Verteilung der 762 Teilnehmenden an der Untersuchung sieht so aus: 2% sind unter 29 Jahre, 23% zwischen 30–49, 44% zwischen 50–69,

---

2| Zulehner, Paul M.: Bericht zur Umfrage zu den Leitlinien Apg 2.1 der Erzdiözese Wien, Wien 2012, in: http://www.zulehner.org/site/forschung/entwicklungpastoralerraum

15% über siebzig. Von 17% gibt es keine Altersangabe. Von den Befragten sind 32% Frauen, 52% Männer. Der Bildungsgrad liegt weit über dem Bevölkerungsdurchschnitt, was wohl auch mit der Onlineumfrage, zugleich aber auch mit der Bürgerlichkeit der Pfarreien zu tun hat: 62% haben Fachhochschul- oder Universitätsabschluss, 13% machten ein Abitur/eine Matura. Aus Österreich sind 58% der Befragten. Das hat damit zu tun, dass auch die Daten von einer Befragung in einer soeben errichteten Wiener „Pfarre neu" einbezogen wurden. 24% kommen aus Deutschland, 4% aus der Schweiz oder einem anderen Land.[3]

Im Folgenden sollen wichtige Ergebnisse dieser verschiedenen und in ihrer Fragestellung doch verwandten Studien vorgestellt werden. Dabei wird der Versuch gemacht, trotz der zeitlich auseinanderliegenden Untersuchungsjahre (zwischen 2003 und 2016) wichtige Ergebnisse der einzelnen Studien zu bündeln.

Eine kurze Einführung in die historische Phase, in welcher sich die Kirche derzeit befindet, wird vorangestellt. Ohne diesen Kontext ist der Druck nicht verständlich, in dem sich derzeit Kirchenleitungen befinden. Zugleich könnte das Wissen, dass wir uns unentrinnbar in einer epochalen Umbauzeit der Kirche befinden, den Druck vermindern und Reformkräfte freisetzen. Der mahnende Satz von Erhard Eppler kann dabei leitend sein: „Wenn wir so weitermachen wie bisher, werden wir nicht mehr lange weitermachen."

Ich signalisiere damit bereits, dass vor allem jene nicht recht haben, die jeglichen Umbau der Kirchengestalt ableh-

---

3 | Die Ergebnisse der Studie werden hier erstmals präsentiert. Materialien (wie der Fragebogen und ein Tabellenband) finden sich auf http://www.zulehner.org/site/forschung/entwicklungpastoralerraum.

nen. Die Frage kann nicht lauten: Strukturwandel ja oder nein. Vielmehr gilt es, vor allem folgende zwei Fragen zu diskutieren:

In welche Zukunft führt der Weg der Kirche? Welche Vision leitet die Kirchen auf allen Ebenen auf diesem epochalen Weg?

Und welche Strukturen braucht sie, um zukunftsfähig zu bleiben bzw. zu werden?

Oft absorbiert die zweite Frage nahezu alle Kräfte. Um es mit jenem Bild zu sagen, welches Jesus geprägt hat und das im Titel des Essays steht: Im Mittelpunkt standen in der letzten Zeit die „neuen Schläuche".

Und nicht wenige fragen besorgt, ob es für diese auch „jungen Wein" gibt.

Es könnte geschehen, dass die Kirchen neue Schläuche haben, aber keinen jungen Wein.

Auch deshalb soll nach der kairologischen Skizze über die unausweichliche kirchliche Umbauzeit kriteriologisch[4] kurz über den „jungen Wein" meditiert werden. Denn nur wenn die Kirchen den Menschen reinen „jungen Wein" einschenken, werden sie zukunftsfähig sein. Noch so gute „neue Schläuche" allein werden den erhofften Aufbruch nicht bringen.

---

4 | Zu Kairologie und Kriteriologie siehe Zulehner, Paul M.: Fundamental-pastoral. Kirche zwischen Auftrag und Erwartung, Düsseldorf 1989.

Wandel der Ära

Wir erleben nicht eine Ära des Wandels,
sondern einen Wandel der Ära.
(Papst Franziskus)

Papst Franziskus schreckte die italienischen Bischöfe bei ihrer Jahresversammlung mit seinem radikalen Ausspruch sicherlich auf. Er kündigte einen beunruhigenden Wandel der Ära an. Damit meinte er, dass man sich nicht mehr in einer letztlich beruhigenden Ära des Wandels weiterhin einrichten könne.

Dem entspricht ein Zitat des Atheisten Eugenio Scalfari, Chefredakteur der Mailänder Zeitung La Repubblica. Er hatte mit Papst Franziskus ein längeres Interview geführt und Anfang Oktober 2013 Auszüge daraus in der Zeitung veröffentlicht. Den Bericht beendete er mit der Ansage:

„Das ist Papst Franziskus. Wenn die Kirche so werden wird, wie er sie denkt und will, wird sich eine Epoche ändern."[5]

Fachleute werden ihm zustimmen. Nicht nur die Welt ist im Prozess der Globalisierung in ein neues Zeitalter eingetreten. Experten nennen es Anthropozän.[6] Enorme, von Menschen verursachte ökologische, ökonomische und soziale Herausforderungen machen der Politik zu schaffen und vielen Menschen Angst. Die Weltgemeinschaft eint sich, zugleich wachsen nationalistische Abschottungsphantasien.

---

5 | La Repubblica, 3.10.2013.
6 | Crutzen, Paul J.: Geology of mankind, Nature 415 (2000), 23; Steffen, W./ Crutzen, Paul J. and McNeill, J. R.: The Anthropocene: Are Humans Now Overwhelming the Great Forces of Nature?, Ambio 36 (2007), 614–621. – Paul J. Crutzen: Die Geologie der Menschheit. In: Crutzen, Paul J. u. a.: Das Raumschiff Erde hat keinen Notausgang, 2011, 7–10.

Die Kulturen durchmischen sich. Ein „Globaler Marsch" ist unaufhaltsam in Gang gekommen.[7] 65 Millionen Menschen sind unfreiwillig auf der Flucht, weil sie in ihrer Heimat wegen Krieg, wirtschaftlicher Hoffnungslosigkeit und hoffnungsloser Armut sowie klimatischer Katastrophen nicht mehr überleben können. Die Bevölkerungen der reichen Weltregionen wie Nordamerika oder Europa, in welche die Menschen flüchten oder drängen, reagieren mit Abschottung. Ein „defensiver Rassismus"[8] breitet sich aus. Rechtspopulisten sind im Aufwind. Militär kommt gegen Flüchtende zum Einsatz.

Mit dieser eins werdenden und doch zerrissenen Welt hat es der erfahrene „Global Player" katholische Weltkirche zu

7 | „Große Wanderbewegungen sind vorhersehbar, und das nicht nur aus Gründen der politischen, rassistischen oder religiösen Verfolgung, sondern um des wirtschaftlichen Überlebens willen. Solche Wanderbewegungen werden künftig in Europa nicht nur aus dem Osten in den Westen, sondern noch mehr aus dem Süden in den Norden stattfinden. Die demografische Entwicklung ist im Süden der Erde eine andere als im Norden. Bis Mitte des kommenden Jahrhunderts werden die Bewohner der heutigen Industrieländer nicht einmal mehr 20% der Weltbevölkerung stellen. Das schafft einen enormen Bevölkerungsdruck, der in Verbindung mit fehlender Chancengleichheit sowie von Tyrannei und Unterdrückung massive Auswanderungswellen in Richtung Norden auslösen wird, die sich nicht eindämmen lassen. Unsere Nachkommen werden vermutlich Massenwanderungen ungekannten Ausmaßes erleben. Dieser Prozess hat bereits begonnen, denken wir nur an die boat-people aus dem Fernen Osten, an die Mexikaner, die illegal in die Vereinigten Staaten kommen, und an die Asiaten und Afrikaner, die nach Europa drängen. Man kann sich unschwer ausmalen, dass im Extremfall unzählige ausgehungerte und verzweifelte Immigranten mit Booten an den Nordküsten des Mittelmeeres landen werden." – King, Alexander u.a.: Die globale Revolution, Spiegel Spezial 2/1991: Bericht des Club of Rome 1991, 42f.

8 | Für die Experten des Club of Rome 1991 ist „klar, dass keine Maßnahmen die Einwanderungsbewegung wirkungsvoll stoppen werden. Dies könnte zu einer deutlichen Verschärfung des defensiven Rassismus in den Zielländern führen und bei allgemeinen Wahlen rechtsgerichteten Diktatoren zur Macht verhelfen." AaO.

tun. Mögen manche Päpste vor allem Europa im Blick gehabt haben: Papst Franziskus kann gar nicht mehr anders, als eine Art „Weltpfarrer" zu sein. Provinzialismus widerspricht seinem Amt zutiefst. Katholisch kann nur noch universell bedeuten. Er kann sich dabei auf das Zweite Vatikanische Konzil berufen. Diese Versammlung visioniert die Kirche als Zeichen der tiefen Einung der Menschheit mit Gott und daher der Menschen untereinander (Lumen gentium 1). Auf dem Weg dorthin aber arbeite die Kirche wie ein „Feldlazarett" für die vielen Verwundeten der Menschheit.[9]

Ändert sich die Welt, fordert dies auch die Kirchen heraus: allen voran die weltweit agierende katholische. Die neue Ära in der eins werdenden und doch so zerrissenen Weltgemeinschaft modifiziert unweigerlich das Handeln der Kirchen.

Ende der Konstantinischen Ära

Für die Kirchen in Europa hat dieses Ende einer Ära eine spezifische historische Färbung. Europa war jahrhundertelang „konstantinisch" geprägt. Die Erhebung der blutig verfolgten „Jesusbewegung" zur Staatsreligion durch Kaiser Konstantin hatte eine Ära eingeläutet. Diese war geprägt von

---

9 | „Ich sehe ganz klar" – fährt er fort –, „dass das, was die Kirche heute braucht, die Fähigkeit ist, Wunden zu heilen und die Herzen der Menschen zu wärmen – Nähe und Verbundenheit. Ich sehe die Kirche wie ein Feldlazarett nach einer Schlacht. Man muss einen Schwerverwundeten nicht nach Cholesterin oder nach hohem Zucker fragen. Man muss die Wunden heilen. Dann können wir von allem anderen sprechen. Die Wunden heilen, die Wunden heilen... Man muss ganz unten anfangen." Franziskus im Interview mit Spadaro, Antonio. In: StdZ vom 25.9.2013.

einer tiefen Einung von Gesellschaft, Kultur, Staat und Kirche, Thron und Altar. Die heftigen Spannungen, die es zwischen beiden Machtzentren gab, spielten sich innerhalb des einen, von keiner Seite infrage gestellten Rahmens ab. Es war der kulturell vom Christentum geprägte, deshalb freilich keinesfalls immer auch christliche, sondern eher „christentümliche" Kontinent. Das hatte nachhaltige Folgen für die Menschen. Mit unentrinnbarer Selbstverständlichkeit war ihr Leben von dieser christentümlichen Kultur geprägt. In ihr fanden sie Sinn, deuteten sie die Endlichkeit, die Vergeblichkeit und den Tod, meisterten sie das Leid, feierten sie die großen Ereignisse des Lebens wie Geburt, Heirat und Tod. In allen Winkeln des gesellschaftlichen Lebens war das christliche Kulturgut präsent, in den Künsten, der Bildung, in der Musik, im Handwerk, im Krieg.

Diese Verwobenheit von Gesellschaft-Staat-Kirche modifizierte die Reformation vor fünfhundert Jahren und verschärfte sie zugleich. Diese konnte von Haus aus nicht allein eine innerkirchliche Reform sein, obgleich Martin Luther eine solche mit vielen guten Gründen anstrebte, was ihm heute bis hin zu Papst Franziskus sehr viele aus der katholischen Kirche dankbar bescheinigen. Aber Luther, vor allem der durch die Reichsacht bedrängte Reformator, konnte nicht verhindern, dass sein berechtigtes religiös-kirchliches Ziel politisch genutzt wurde. Die Fürsten sahen in der sich entwickelnden Kirchenspaltung eine gute Chance, sich aus der Vorherrschaft des Kaisers zu befreien. Der blutige Dreißigjährige Krieg war wegen der Verflechtung von Thron und Altar daher zugleich ein politisch wie konfessionell motivierter Krieg. Im Text des Friedensvertrages von Münster und Osnabrück (1648) erklären die Vertragsparteien in Artikel V kurz und bündig die Vertreter der Konfessionen zu den Hauptverantwortlichen für den Krieg. Deshalb wird ihnen eine heilige Friedenspflicht auferlegt, „bis man sich durch Gottes Gnade über die Religionsfragen verglichen haben wird" (§ 1).

Die Auswirkungen dieses Krieges, der zusammen mit Pest und Hungersnot weite Teile Europas durch das Morden dezimierte, sind in Europa bis heute greifbar. Voltaire veranlassten die Gräuel, eine Menschheitsreligion ohne Konfessionen, eine Religion ohne Kirchen zu fordern. Der Gedanke, der dann in Frankreich aufkam, die Welt wäre ohne Gott am friedlichsten, ließ nicht lange auf sich warten. Das Christentum mit seinen blutigen Händen hatte Gott statt in Kredit in Misskredit gebracht. Das Christentum führte Krieg gegen das Christentum. Die Glaubwürdigkeit des Christentums war kulturell tief erschüttert. Europa machte diese dunklen kulturellen Erinnerungen zum kontinentalen Sonderfall für die Religionssoziologie[10]: Während das Christentum in allen Erdteilen wächst, „stirbt es in Europa vor sich hin"[11]. In keinem Kontinent hat sich ein derart tiefgründiger Atheismus entwickelt wie in Europa.

Vom Schicksal zur Wahl

Diese Entwicklungen wirkten sich auch auf die Lebensgestaltung der Menschen aus. Eine kurze Zeit lang wähnten sich manche frei, sich für die eine oder andere Konfession zu entscheiden. Die Suche nach dem „Landfrieden" verlangte jedoch nach „politischen Lösungen" im Konfessionsstreit.

10 | Davie, Grace: Europe, the exceptional case, London 2002.
11 | Delumeau, Jean: Stirbt das Christentum?, Olten, Freiburg im Breisgau 1978. – Rahner, Karl: Stirbt das Christentum aus?, Leipzig 1986.

Diese wurde in Religionsfriedensschlüssen gesucht, wobei der „Reichsabschiedt" von Augsburg (1555) und der Westfälische Friede zur Beendigung des Dreißigjährigen Kriegs (1648) die bekannteren sind.[12]

Die Regel war, dass der Herrscher die Konfession der Untertanen bestimmen konnte (ius reformandi); wer sich nicht fügen wollte, „konnte" bzw. musste auswandern (ius emigrandi). Eine beachtliche Zahl von Reichsstädten erhielt das Recht, innerhalb ihrer Mauern beide Konfessionen frei wirken zu lassen, was den Bewohnern solcher Städte eine Art „Religions-", genauer „Konfessionsfreiheit" brachte: eine Vorläuferin der späteren aufgeklärten Religionsfreiheit. Der Großteil der Bevölkerung hatte aber keine Wahl. Für sie war „Religion", genauer „Konfession" Schicksal. Aus staatspolitischen Gründen machten die Herrschenden von ihrem Recht ausgiebig Gebrauch. Es kam zu vielen „konfessionellen Säuberungen", und das schon nach dem „Reichsabschiedt" zu Augsburg. Als die Habsburger in der Zeit nach der Reformation Böhmen durch eine aggressive Gegenreformation von den dort verbreiteten Hussiten „befreien" wollten, kam es 1618 zum Prager Fenstersturz, welcher den blutigen Dreißigjährigen Krieg auslöste.

Im Konfessionellen Zeitalter wurde also die konstantinische Verbindung zwischen Thron und Altar, Konfession und Kaiser/Fürsten aus gemeinsamem Überlebensinteresse noch enger, die Zugehörigkeit zur Konfession für die Menschen schicksalhaft. Austreten aus der konfessionsgebundenen Religion war undenkbar, ein Verlassen der Konfession mit enormen sozialen Nachteilen verbunden. Hartnäckige

---

12 | Es hatte vor Augsburg Friedensschlüsse mit den Hussitischen Utraquisten in Böhmen (Kuttenberg 1485) sowie einen Passauer Frieden (1552) gegeben.

„Ketzer" wurden hingerichtet, viele zogen wegen ihrer Treue zum „alten" oder zum „neuen Glauben" aus ihrer angestammten Heimat fort.

Die Konstantinische Ära in ihrer nachreformatorischen Gestalt, in der die Zugehörigkeit zur Religion/Konfession unentrinnbares Schicksal war, ist heute definitiv vorbei.

Die Trennung von Kirche und Staat setzte sich europaweit dank der Aufklärung durch. Dabei wurden unterschiedliche Modelle im Verhältnis von Staat und Kirche entwickelt. Das Spektrum reicht von kantiger Trennung (wie in Frankreich) bis zur gesuchten Kooperation (Deutschland, Österreich).[13] Für die Menschen in den europäischen Ländern ist Religion nicht mehr Schicksal, sondern Wahl. Diese Formel „from fate to choice" (vom Schicksal zur Wahl) hat Peter L. Berger geprägt. Sein pointierter Satz: „Man kann heute alles wählen, nur nicht, ob man wählen will", betrifft inzwischen auch die Religion.[14]

Dabei führte die Trennung von Staat und Kirche noch nicht gleich zur Auflösung in Jahrhunderten gewachsener „soziokultureller Selbstverständlichkeiten". Dafür standen Sätze wie „man lässt sein Kind taufen", „Tote werden kirchlich beerdigt". Doch zeigt meine Langzeitstudie für Österreich über die vierzig Jahre von 1970 bis 2010[15], dass soziale

13 | Joas, Hans: Glaube als Option. Zukunftsmöglichkeiten des Christentums, Freiburg 2012. – Loretan, Adrian: Religionsfreiheit im Kontext der Grundrechte, Zürich 2011.
14 | Berger, Peter L.: Der Zwang zur Häresie, Frankfurt am Main 1980. – Berger, Peter L./Zijderveld, Anton C.: Lob des Zweifels, Freiburg 2010. – Zulehner, Paul M.: Religion nach Wahl. Grundlegung einer Auswahlchristenpastoral, Freiburg 1974.
15 | Zulehner, Paul M.: Verbuntung. Kirchen im weltanschaulichen Pluralismus, Ostfildern ²2012.

Motive für den Wunsch nach der Taufe eines Kindes oder der Beerdigung eines Toten in den untersuchten vierzig Jahren rückläufig waren. Religiöse Motive haben dagegen an Verbreitung abgenommen. Die Entscheidung, von der Kirche ein Ritual zu den Lebenswenden zu wünschen, hat aber an Bedeutung gewonnen. Auch Rituale werden heute „gewählt".

Was beim Wählen entscheidend ist

Dieses Wählen der Religion sowie der Zugehörigkeit zu einer kirchlichen Gemeinschaft und der Beteiligung an deren Leben und Wirken ist ein hochkomplexer Vorgang. Die Freiheit des Einzelnen ist stets eingebunden in kommunikative Netzwerke, in jenes der Familie und der Kultur des Landes. Sie wird geformt durch weltweite Stimmungen, Hoffnungen und noch mehr durch Ängste.

Dennoch: „Entscheidend" für das Ergebnis der Einwahl in eine Religion ist letztlich deren Bedeutung für das eigene Leben. Die uralten Fragen der Menschheit verlangen nach annähernden Antworten. Immanuel Kant hat drei Fragen genannt: „1. Was kann ich wissen?, 2. Was soll ich tun?, 3. Was darf ich hoffen?"[16] Kardinal Franz König hat diese drei Fragen etwas abgewandelt. Bei ihm lauten sie: „Wer bin ich?, Wo komme ich her?, Wo gehe ich hin?"[17] Sie lassen sich auch so formulieren: „Wo komme ich her, wo gehe ich hin, welchen Sinn hat das Ganze?" Oder in der Bildsprache der

---

16| Kant, Immanuel: Kritik der reinen Vernunft, Ausgabe Reclam 6416, Stuttgart 1966. 815.

17| König, Franz, zitiert von Kardinal Schönborn: https://www.sachsenbrunn.at/homepage/aktuelles/archiv__04_05/kardinal_dez/bilder.html (Stand, 31.1.2017)

alten Mythen, in denen in einer Geschichte nichts anderes erzählt wird, als was immer und überall der Fall ist: Was ist am Ende stärker: der Tod oder die Liebe?[18] Es ist vor allem die Frage des Orpheus-und-Eurydike-Mythos.

Antworten werden längst nicht mehr allein in der im Elternhaus ererbten Religion oder in der dominanten Weltanschauung des Landes gesucht. Ein (inter-)religiöser und spiritueller Markt steht den fragenden und suchenden Menschen offen: Was erzählen diese Religionen von Gott und der Welt? Von der Bestimmung des Menschen, vom Hoffen und Lieben? Vom Verhältnis Gottes zur Geschichte? Nicht zuletzt zu dem vielen Leid vor allem Unschuldiger in der Welt? Dazu kommen aber auch agnostische und atheistische Weltdeutungen, die am weltanschaulichen Markt für jede und jeden zugänglich sind.

Manche lesen in der Bibel, erinnern sich an Momente aus dem Religionsunterricht, tragen Kindheitserinnerungen mit sich, treffen einen Menschen, heiraten einen gläubigen Partner, eine gläubige Partnerin, erleben einen eindrucksvollen Kirchenmann wie etwa Papst Franziskus. Dabei können sie als „Wählende" mit der Gestalt Jesu in Berührung kommen – mit seinem Bild von Gott, seinen Seligpreisungen, die er seiner Bewegung zur Ausrichtung ihres Lebens ins Stammbuch geschrieben hat.

Ist, so fragen manche Suchende heute, diese Jesusbewegung in modernen Zeiten noch anschlussfähig? Was haben die christlichen Kirchen mit ihr zu tun? Eine Zeit lang hat man sich mit der Formel geholfen: Jesus ja, Kirche nein. Doch zeigt sich, dass eine private Jesusnachfolge zwar in sich wertvoll sein kann und geraume Zeit auch möglich ist:

18 | Zulehner, Paul M.: Kirchenvisionen. Orientierung in Zeiten des Kirchenumbaus, Ostfildern ³2013, 31–40.

dass aber die Jesusbewegung keine Sache von Einzelnen ist, sondern ihrem Wesen nach nur mit anderen gelebt werden kann. Denn ihr Ziel ist nicht nur private Frömmigkeit und individuelles Heil, sondern Transformation der Erde: „dieser Erde" – so Johannes Paul II. in einer Pfingstpredigt in Warschau im Jahre 1979, mitten im Kriegsrecht, bei diesen Worten mit dem Fuß auf den Boden stampfend.

Gratifikationen

Gerade, weil suchende Zeitgenossinnen und Zeitgenossen die historisch gewachsenen christlichen Kirchen auf den Prüfstand der Visionen der Jesusbewegung stellen, müssen diese sich fragen, ob sie ihrer Aufgabe gerecht werden. Vermitteln sie den Suchenden das, was das Geschenk Jesu an seine Bewegung ist? Lassen sich die jesuanischen Gaben, seine „Gratifikationen"[19], in den Kirchen antreffen: Gotteinung und daraus Heilung von Ängsten und Befreiung zur Liebe, Neuausrichtung eines in eine Sackgasse geratenen Lebens – und dies in Nachfolgegemeinschaften, die Suchende gastfreundlich aufnehmen? Gelingt es in diesen Gemeinschaften/Gemeinden, moderne Menschen mit den unverbrauchten alten Traditionen des Evangeliums zusammenzubringen? Und das zunächst mit dem „Argument" des gelebten Lebens, sodann mit Antworten auf Fragen, welche die Su-

---

19 | „Gratifikation" wird heute in der Religions- und Kirchenforschung verwendet, um jene „wohltuenden", tröstenden oder auch verändernden Erfahrungen zu bündeln, die für das eigene Leben hilfreich sind. Das ist kein Konzept der „Vernützlichung" der Religion, sondern fragt eher nach der „Stimmigkeit", dem „Einklang" zwischen Evangelium und Leben. Anders der „Gegenbegriff" „Irritation". Hier wird nach dem gefragt, was an einer Religionsgemeinschaft stört, mit den eigenen Werten und Prinzipien nicht harmoniert.

chenden stellen, um mit ihnen schließlich das gemeinsam Gefundene zu feiern?[20]

Irritationen

Jahrzehntelang meinten Kirchenreformer, dass heutige Menschen sich in eine Kirche einwählen oder sie nicht verlassen, wenn diese keine Irritationen erzeuge. Der Abbau von „Irritationen" wurde daher in ein Reformprogramm übersetzt. Dabei sollten vor allem Irritationen zwischen der alten Kirche und den heutigen „modernen" Menschen abgebaut werden. Irritationen würden unnötige „kognitive Dissonanzen" (Gerhard Schmidtchen[21]) zwischen der heutigen Gesellschaft und den Kirchen erzeugen. Dies machten die großen christlichen Kirchen mit unterschiedlicher Geschwindigkeit:

Die Kirchen der Protestanten sind im Schnitt am „modernsten" bzw. am meisten „modernitätsverträglich" – vor allem in Fragen der Kultivierung von Macht und Sexualität. Sie kennen ein hohes Maß an Beteiligung und überlassen die Gestaltung der Sexualität der privaten Wahl ihrer Mitglieder. Das betrifft die Kultur der Partizipation ebenso wie alles, was mit dem Themenfeld Frauen und Sexualität zu tun hat, wobei die Zulassung von Frauen zu ordinierten Ämtern ein wichtiger Punkt ist.

---

20 | Das sind die drei Dimensionen, die vom französischen Theologen Philippe Beguerie als „vécu, raconté und célébré" definiert wurden: Was wir leben, wovon wir erzählen, was wir feiern. Diese drei Dimensionen machen anthropologische Erfahrungen ganzheitlich – also auch das Zeugnis, welches Christinnen und Christen in der Jesusnachfolge von ihrem Glauben an Gott geben. Aujourd'hui, qu'est-ce qu'être chrétien?, Paris 1974. – Ders.: Il catecumenato, cammino di vita, Bologna 2002.
21 | Schmidtchen, Gerhard: Protestanten und Katholiken, Bern 1973.

Ganz anders die orthodoxen Kirchen. Diese haben den geringsten „Modernisierungsgrad". Die Ordination von Frauen ist ein theologisches Tabuthema. Anders die Ehelosigkeit der Priester: Diese wird lediglich von den Bischöfen verlangt, nicht von den Pfarrern.

Die katholischen Kirchen bewegen sich im Mittelfeld. Im Vergleich zum Mainstream der Kirchen der Reformation war der Weg vom antimodernen Syllabus Pius' IX. (1864) bis zu den Dekreten des Zweiten Vatikanischen Konzils mühsam. Die Durchführung der konziliaren Erneuerung ist mit Fort- und Rückschritten in Gang, aber längst nicht abgeschlossen. Die katholische Kirche kennt verheiratete Diakone, diskutiert die Ordination von Frauen zu Diakoninnen. Ein Diskussionsverbot über die Ordination von Frauen durch Johannes Paul II. konnte sich nicht durchsetzen.

Nun spielen für das Kirchenverhältnis „Irritationen" zwischen der (katholischen) Kirche und modernen Menschen gewiss eine nicht zu unterschätzende Rolle. Es irritiert feministisch geprägte Frauen (wie auch Männer), wenn Frauen nach wie vor „diskriminiert werden". Spannungen zeigen sich im „veralteten" Ehe- und Familienbild, damit in der ausschließenden Unterstützung von traditionellen Geschlechterrollen, und natürlich auch in der Nichtzulassung von Frauen zu Ämtern, welche eine Ordination voraussetzen. Manche, die wegen ihrer nur noch losen Verbindung zum kirchlichen Leben in den letzten Jahren die innertheologische Entwicklung nicht wahrnehmen konnten, vermuten immer noch eine neurotisierende Sexualkultur – wobei eine solche bei einzelnen Personen sowohl innerhalb wie außerhalb der Kirche anzutreffen ist. Papst Franziskus beklagt einen nach wie vor verbreiteten Klerikalismus, der mit der

Beteiligung des gläubigen Volkes an der Entwicklung des Glaubens und Lebens der Kirche in Widerspruch stehe. Die Kirche werde also von manchen Menschen in der heutigen Kultur als sexualneurotisch, frauenfeindlich, undemokratisch, vormodern, also mit der heutigen Kultur als inkompatibel erlebt. Der große Mailänder Kardinal Carlo Maria Martini hatte wenige Wochen vor seinem Tod beklagt, die katholische Kirche hinke immer noch 300 Jahre der Zeit hinterher.[22] Und Papst Franziskus ist der Überzeugung, dass das Konzil bei Weitem noch nicht hinreichend das Leben der Kirche und ihr Handeln präge.

Verbuntung als Ergebnis der Wahl

Können die (sozial vernetzten) Einzelnen wählen, dann überrascht es nicht, dass das Ergebnis dieses Wählens höchst unterschiedlich ausfällt. Die weltanschauliche Landschaft ist bunt geworden.[23]

Entwicklungen

In meiner österreichischen Langzeitstudie können vier Typen über vierzig Jahre hinweg verfolgt werden. Dabei zeigen sich drastische Verschiebungen.

Stark rückläufig sind die *Kirchlichen*. Es gelingt den Kirchen derzeit lediglich, eine engagierte Minderheit zu gewinnen. Christliche Kirchen nähern sich auf diese Weise wieder

22| Martini, Carlo Maria/Sporschill, Georg: Jerusalemer Nachtgespräche, Freiburg 2008.
23| Zulehner, Paul M.: Verbuntung. Kirchen im weltanschaulichen Pluralismus, Ostfildern ²2012.

dem „biblischen Normalfall". Sie bestehen aus „Eingewählten", neu Hinzugekommenen ebenso wie solchen, die sich fürs Bleiben entschieden haben, obwohl sie ohne soziale Nachteile (wie viele andere um sie herum) die kirchliche Gemeinschaft auch verlassen könnten. Hatte es früher unter den vielen Kirchenmitgliedern auch einige entschiedene Christen gegeben, so wird künftig der Anteil der Entschlossenen unter der geringeren Gesamtzahl höher sein. Das wenige Salz muss nicht schal sein, das Licht kann durchaus in der Welt leuchten. Die Quantität mag abnehmen: die Qualität muss davon nicht betroffen sein.

Hier ist eine Randanmerkung nötig: Das Kleinerwerden soll nicht als Gesundschrumpfen schöngeredet werden. Denn das Ergebnis könnte zur Ablösung einer offenen freiheitlichen Großkirche durch eine enge sektoide Kleinkirche mit enormem sozialpsychologischem Anpassungsdruck führen.

Abgenommen hat im Untersuchungszeitraum die Zahl der *Religiösen*. Sie spiegeln die moderne gesamtgesellschaftliche Verschiebung von der Institution zur Person wider. Für manche von ihnen trifft die plakative Formel zu: „Jesus ja, Kirche nein." Kirchenkritik ist bei ihnen gut aufgehoben, manchmal auch deshalb, um das eigene Desengagement zu rechtfertigen – wozu reichlich vorhandene kirchliche Irritationen hilfreich sein können. Dass es kein kirchliches Commitment bei dieser Gruppe gibt, heißt nicht, dass den Kirchen jegliche Bedeutung abgesprochen wird – weder für das eigene Leben (wie bei einer Beerdigung) noch gesellschaftlich (etwa bei Notfallgottesdiensten). Bei manchen sei eine Art „stellvertretender Kirchlichkeit" anzutreffen. Man ist nicht Mitglied, erwartet aber von der Kirche gesellschaftliche Aufgaben. Das können auch Dienste sein, welche die

Kirche von sich aus gar nicht anstrebt, wie beispielsweise die Rettung des vermeintlich christlichen Abendlands vor der Islamisierung. Nicht wenige verstehen sich in diesem Sinn heute als „Kulturchristen", manche in friedlicher, andere in aggressiver Form. Grace Davie nennt solche Kirchenbezogenheit „vicarious religion"[24] („stellvertretende Religion").[25] Manche gestalten im Übrigen ihr „wählerisches" Verhältnis auch zu anderen Einrichtungen der Gesellschaft in ähnlicher Weise. Sie sind nicht zahlendes Mitglied in einer Gewerkschaft, erwarten aber von den Gewerkschaften, dass sie sich für das Wohl aller Arbeitnehmenden einsetzen.

Zugenommen haben die *Säkularen*. Sie sind gleichsam eine Erinnerung an die heute überholte Säkularisierungstheorie. Diese war in den Siebzigerjahren des vergangenen Jahrhunderts entwickelt worden, um die beobachtete Entkirchlichung weiter Teile der Bevölkerung zu deuten.[26] Man dachte, dass mit der Modernisierung der Gesellschaft unweigerlich auch eine Säkularisierung einhergehe. Die Faustregel lautete: „Je moderner, desto säkularisierter". Doch als Gesamtdeutung der sozioreligiösen Entwicklung hat sich die Säkularisierungstheorie nicht bewährt. Gab es doch auch moderne Länder, in denen sowohl die Religiosität wie auch die Kirchlichkeit der Menschen ungebrochen hoch blieben. Deshalb wurden verschiedene Formen der Modernität unterschieden: religionsverträgliche (wie etwa Indien, USA) und religionsunverträgliche (etwa Europa[27], in dem durch

24 | Davie, Grace: Is Europe an exceptional case, in: www.dnva.no (PDF-File; Stand, 31.1.2017)

25 | Davie, Grace: The Sociology of Religion. A critical agenda, Los Angeles 2013.

26 | Zulehner, Paul M.: Säkularisierung von Gesellschaft, Person und Religion, Wien 1973.

27 | Davie, Grace: Europe. An Exceptional Case, London 2002.

die Verbindung von Religion und Nötigung das Image der christlichen Religion schwer beschädigt worden war). Heute wird Säkularisierung als Deutungsbegriff für die Entwicklung der weltanschaulichen Dimension moderner Gesellschaften nur noch sehr eingeschränkt verwendet. Auch in unseren europäischen Ländern wird nie die gesamte Gesellschaft in all ihren Teilen „säkularisiert"[28]. Ein Teil der Bevölkerung scheint ohne die „Wohltat" von Religion gut durch das Leben zu kommen. Säkularisierung ist also lediglich ein Teilprozess innerhalb der breiteren Entwicklung der Pluralisierung. Von den führenden Religionssoziologen wird heute religiöse Vielfalt als „modern" angenommen. Die Moderne kenne viele Altäre, so neuestens der langjährige Doyen der Säkularisierungshypothese Peter L. Berger.[29]

Die Hauptgruppe stellen heute die *Skeptiker*. Sie sind nicht nur zahlenmäßig die größte Gruppe, sondern auch der gesellschaftlich erwartbare Haupttyp. Weil die Menschen wählen können, sie aber mit ihrer Wahl weithin auf sich selbst gestellt sind, haben sie mit der Verschiebung des Lebens von der Institution zur Person die Sicherheit institutionalisierter Religion verloren. Auch die Vielfalt als solche relativiert bereits jede „Position". Dass dabei der Zweifel wirklichem christlichen Glauben nicht feindlich ist, hat damit zu tun, dass personaler Glaube wie Hoffnung und Liebe aus der letzten Freiheit des Menschen erwächst. So-

---

28 | Ausnahmen sind einige osteuropäische Länder wie Tschechien, Ostdeutschland, Estland. In diesen ist es dem letztlich vormodernen Kommunismus offensichtlich geglückt, der Bevölkerung den Atheismus zu indoktrinieren und den Zugang zu religiösen Gemeinschaften nachhaltig zu verwehren. Es ist noch nicht abzusehen, wie sich diese atheisierenden Länder auf dem Weg in pluralistische Verhältnisse entwickeln werden. Zulehner, Paul M./Tomka, Miklós/Naletova, Inna: Religionen und Kirchen in Ost(Mittel)europa, Ostfildern 2008.

29 | Berger, Peter L.: The Many Altars of Modernity, Boston 2014.

wohl gesellschaftlich wie theologisch lässt sich somit das „Lob des Zweifels" singen.[30] Moderne religiöse Menschen sind somit vor allem „Pilger". „Pilgrimage" ist die Lieblingsbeschäftigung moderner Menschen, so die französische Religionssoziologin Danièle Hervieu-Léger[31].

Tabelle 1: Vier Haupttypen und ihre Entwicklung in den letzten vierzig Jahren von 1970 auf 2010

	säkular	skeptisch	religiös	kirchlich
1970	9%	32%	36%	23%
1980	21%	32%	34%	13%
1990	23%	39%	27%	11%
2000	26%	39%	27%	8%
2010	26%	45%	24%	5%

Quelle: Zulehner, Verbuntung, 295.

Vielfalt von Typologien

Die hier vorgestellte Typologie ist nicht die einzige, die gebildet werden kann. Hohe Aufmerksamkeit hatte in den letzten Jahren die Sinus-Milieustudie[32] gewonnen, bei der entlang der Dimensionen Modernität und Bildung neun Typen abgegrenzt worden waren. Die Kirchengebundenen haben sich auf alle verteilt. Schwerpunktmäßig waren sie aber im traditionell-bürgerlichen Feld angesiedelt. Auch diese Studie be-

30 | Berger, Peter L./Zijderveld, Anton C.: In praise of doubt, New York 2010.
31 | Hervieu-Léger, Danièle: La religion en mouvement: le pélerin et le converti, Paris 1999.
32 | Wippermann, Carsten: Milieuhandbuch „Religiöse und kirchliche Orientierungen in den Sinus-Milieus® 2005", München 2005.

legt, dass es den Kirchen derzeit eher gelingt, Personen aus der traditionellen Mittelschicht zu gewinnen. Vereinzelt wurden, gestützt auf diese Ergebnisse, milieuspezifische Angebote entwickelt. Ein pastorales Gesamtkonzept ist daraus aber nicht erwachsen. Denn letztlich zählt in den pastoralen Begegnungen jeder einzelne Mensch. Es macht wenig Sinn, ihn verdachtshalber einem Typ zuzuordnen. Manche würden das mit Blick auf ihre Wahlfreiheit als eine unbotmäßige Übergriffigkeit verstehen. Wichtig ist es zudem für die Kirchen, die verschiedenen Milieus nach Möglichkeit zu verbinden.[33]

Klar ist jedenfalls bei allen Versuchen zur Differenzierung: Das Ende der Konstantinischen Ära in ihrer nachreformatorischen Gestalt ist besiegelt. Es hinterlässt deutlich erkennbare Spuren in allen religionssoziologischen Studien. Langzeitstudien belegen die schleunige Transformation.

Die traditionelle Sozialgestalt der Kirche

Die Kirchen haben ihre Sozialgestalt aber just in dieser vergangenen Zeit und für diese entwickelt. Die Diözesanstrukturen haben römischen Ursprung. Die Pfarreien und die Zuordnung der damals relativ immobilen Bevölkerung stammen aus dem Mittelalter, manche wurden erst (wie im österreichischen Josephinismus) von aufgeklärten Herrschern geschaffen. Dass die Religion in dieser Zeit Schicksal war, zeigte sich nicht nur am „Pfarrbann" – nach dem Konzil in Trient waren beispielsweise die Menschen gebunden, in der Pfarre der Braut zu heiraten, was der Verhinderung

---

33 | Zulehner, Paul M./Ebertz, Michael N.: Plädoyer für Kirchenwachstum. Pastoraltheologisches zu den Sinus-Milieus, in: Lebendige Seelsorge (5/2007) 324–328.

„klandestiner Ehen" und damit dem Schutz der Frauen diente.

Es waren die Herrscher, die sich um das religiöse Leben des Volkes kümmerten, nicht zuletzt deshalb, damit diese den Fürsten gehorsam blieben, ihre Steuern zahlten und in Kriege zogen. Kirchlicherseits wurde eine angemessene Pastoral der Erfassung entwickelt, mit dem Ziel, dass das Volk den vorgeschriebenen Glauben auch wirklich praktizierte und moralisch lebte. Diese „Erfassungspastoral" arbeitete mit vielen Geboten und nicht zuletzt mit Heilsängsten.[34] Es war dem Christentum gelungen, dass viele Anleitungen für ein christliches Leben für die Menschen zu einer „kulturellen Selbstverständlichkeit" geworden waren: die Taufe von Kindern, die Eheschließung, das Begräbnis. Aber auch die Strukturierung der Zeit durch das Kirchenjahr prägte das Leben der Bevölkerung. Es war eine gute Zeit für die Kirchen. Sie waren erfolgreich und konnten dank der starken kulturellen Kräfte mit einer 100%-igen Beteiligung rechnen.

Von dieser vermeintlich „guten alten Zeit" ist bis heute trotz des tief greifenden Wandels der Ära viel geblieben. Die Feiern der Lebenswenden gehören bei vielen auch nicht sehr kirchlichen Menschen einfach dazu, obgleich es auch diesbezüglich Abschwächungen gibt. So erwarten mehr Säkulare die Taufe eines Kindes, als dass sie an Gott glauben. Bei den Beerdigungen ist der Überhang noch größer. Die Kirche „verwaltet" offensichtlich Rituale, die nicht ihr, sondern der Kultur gehören.[35]

---

34 | Zulehner, Paul M./Heller, Andreas: Denn du kommst unserem Tun mit deiner Gnade zuvor. Paul M. Zulehner im Gespräch mit Karl Rahner, Neuauflage, Ostfildern 2002.

35 | Lorenzer, Alfred: Das Konzil der Buchhalter. Eine Ritentheorie, Frankfurt 1981.

Tabelle 2: Religiös-kirchliche Erwartungen bei den vier Typen

	taufen	trauen	beerdigen	Glaube an Gott
säkular	45%	44%	59%	39%
skeptisch	83%	79%	86%	93%
religiös	93%	88%	92%	98%
kirchlich	98%	94%	96%	100%
alle	76%	73%	81%	81%

Quelle: Zulehner, Religion im Leben der ÖsterreicherInnen 1970–2010, hier Daten für 2010.

Dennoch sind die Anzeichen des Endes der Konstantinischen Ära in allen christlichen Kirchen unübersehbar. Die Zahl der Kirchlichen geht zurück. Viel weniger ehelose Männer werden im nordatlantischen Bereich katholische Priester, auch wenn zur Sicherung der breiten Seelsorge in finanzstarken Kirchengebieten pastorale Berufe für theologisch und praktisch gut ausgebildete Laien, Frauen wie Männer, geschaffen wurden. Die katholische Kirche hat zudem angefangen, Diakone zu weihen: Auf dem Zweiten Konzil im Vatikan wollte man die Tür zu verheirateten Priestern einen Spalt weit öffnen. Auch sind nach dem Zweiten Vatikanischen Konzil in der katholischen Kirche mehr Mitglieder in einem Ehrenamt tätig denn je zuvor.

Rückläufig ist in vielen europäischen Kirchengebieten die Zahl der Ordensfrauen und Ordensmänner. Viele Ordensgemeinschaften haben begonnen, den Geist ihrer Stifter outgesourcten Einrichtungen einzustiften. In Kirchengebieten, in denen es dank der Kirchenfinanzierung eine straffe Mitgliederverwaltung gibt, wird der Austritt nicht weniger offenkundig und droht so langfristig die Kirchenfinanzen zu schwächen. Generell ist also das Ende der alten Kirchengestalt aus der Konstantinischen Ära nicht mehr zu übersehen. Eine Transformation der Kirchengestalt ist unübersehbar in Gang gekommen.

Zurück zum biblischen Normalfall

Zur Beschreibung des Übergangs in eine neue Ära der Kirche ist der Begriff „Krise" untauglich.[36]

Erstens unterstellt er, dass die Kirche in einer Krise sei. Ob das wirklich so ist? Der große Zeit- und Kirchendeuter Johann B. Metz verweist unentwegt auf eine tief sitzende Gotteskrise.[37]

Zweitens ist – wenn überhaupt – nicht die Kirche in einer Krise, sondern ihre aus der Konstantinischen Ära überkommene Gestalt.

Dennoch halte ich den Begriff Krise für unangebracht. Er dient derzeit in eher konservativen Kirchenkreisen zur Rechtfertigung ihres Widerstandes gegen Reformen.

Was aber sehr wohl stattfindet, ist ein tief greifender Umbau der Kirchengestalt. Es ist also eine Zeit der Transformation.

36| Dasselbe gilt auch für die Romantisierung pfarrlichen Lebens als Idylle. Von dieser zu schreiben, dass sie in einer Krise sei, trifft deshalb nicht zu, weil es diese Idylle nie gab und auch heute nicht in den Pfarrgemeinden gibt. Zudem bedient das Wort Krise (wie auch prekär) einen pastoraltheologischen „Alarmismus". Über die unausweichliche Transformation der Kirchengestalt lässt sich unaufgeregt diskutieren. — Bucher, Rainer: Jenseits der Idylle. Wie weiter mit den Gemeinden? In: Die Provokation der Krise. Zwölf Fragen und Antworten zur Lage der Kirche, Würzburg ²2005, 106–130.

37| Gotteskrise – Menschenkrise – Kirchenkrise. Arbeitsgruppe Theologie (Metz, Wiedenhofer, Körner, Heizer, Sandrieser, Zulehner), Gösing, 6.–8.9.1996.

Eine überkommene Gestalt läuft aus. Eine neue Gestalt reift heran. Der hervorragende Begleiter des Kirchengestaltumbaus in der Diözese Hildesheim Christian Hennecke[38] zitiert dazu eine Verheißung des Propheten Jesaja: „Seht her, nun mache ich etwas Neues. Schon kommt es zum Vorschein, merkt ihr es nicht?" (Jes 43,19)[39]

Diese kommende Gestalt wird nicht mehr jene der 100% sein, also der staatlich erzwungenen und später immer noch kulturell begünstigten Staats- und Volkskirche. Heute wird die Kirche zu einer „Kirche im Volk" (Kardinal Karl Lehmann). Sie nähert sich damit wieder dem biblischen Normalfall.

In einer solchen Ära verschiebt sich die Aufgabe der Kirche von einer „Erfassungskirche" zu einer „Licht- und Salz-Kirche". Damit geht zugrunde liegend einher eine Verlagerung von einem exklusiven Heilspessimismus zu einem inklusiven Heilsoptimismus, die das Zweite Vatikanische Konzil unterstützt hat. Mit Karl Rahner formuliert:

„Früher fragte die Theologie ängstlich, wie viele aus der ‚massa damnata' der Weltgeschichte gerettet werden. Heute fragt man, ob man nicht hoffen dürfe, dass alle gerettet werden."

Und Rahner fügt erklärend bei: „Eine solche Frage, eine solche Haltung ist christlicher als die frühere und ist die Frucht einer langen Reifungsgeschichte des christlichen Be-

---

38| Hennecke, Christian: Kirche steht Kopf. Unterwegs zur nächsten Reformation, Münster 2016. – Ders.: Konfession: katholisch. Eine Liebeserklärung, Gütersloh 2016. – Hennecke, Christian/Stollhoff, Birgit: Seht, ich schaffe Neues – schon sprosst es auf, Würzburg 2014.

39| Zulehner, Paul M.: „Seht her, ich mache etwas Neues" (Jes 43,19). Wohin sich die Kirchen wandeln müssen, Ostfildern 2011.

wusstseins, das sich langsam der letzten Grundbotschaft Jesu vom Sieg des Reiches Gottes nähert."[40]

Für eine solche Kirchenzeit taugt das Wort Jesu an seine Nachfolgegemeinschaft: „Ihr seid das Licht der Welt. Ihr seid das Salz der Erde." (Mt 5,14.13)

Die Kirche, die sich in Zeiten der Auflösung einer 100%-igen Erfassungskirche niedergeschlagen vorfindet, kann Hoffnung schöpfen. Sie wird zunächst einmal aufhören, die Statistiken über Kirchenaustritte, Rückgang der Priester, Ordensleute und auch den Mangel an opulenten Finanzen zu beweinen. Nicht mehr von 100% rechnet sie jetzt herunter, sondern legt sich eine neue Messlatte – benchmark sagen die Organisationsentwickler. Sie beginnt von 0% hinaufzurechnen. Und dazu wird sie aus den nachkommenden Generationen in missionarischer Begegnung mit den Einzelnen und auch mit Milieus neue (erwachsene) Menschen für die Jesusbewegung gewinnen. Dabei hofft sie – auf Gott und nicht die Qualität der Menschen vertrauend –, dass dieser am Ende nach vielleicht höllischen Ewigkeiten alle rettet: Stalin, Hitler und mich. Denn am Ende wird Gott alles in allem sein (1 Kor 15,28). Genau für dieses finale Ziel „leuchten" die in der Taufe erleuchteten Christen, die Gott seinem Volk „hinzugefügt" (Apg 2,47) hat. Sie sind nicht selbst das Licht, sondern geben das Licht Christi öffentlich in alle Kulturen weiter. Das macht sie zum Licht für alle Menschen in jener einen Welt, die so wird, wie Gott sie haben will, in Gerechtigkeit und Frieden geeint (Lumen gentium 1).

40 | Karl Rahner, Die bleibende Bedeutung des Zweiten Vatikanischen Konzils, in: Stimmen der Zeit 12 (1979) 795–806.

Bei diesem heilstheologischen[41] Ansatz werden die Berufung zum Heil und jene zur Kirche unterschieden. Gott beruft alle Menschen zum Heil. Jene, die er zudem seiner Kirche hinzufügt, haben zusätzlich zur allgemeinen Heilsberufung eine besondere Berufung zugunsten des Heils aller Menschen. Ihrer Kirchenberufung gerecht zu werden, ist Teil ihrer Heilsberufung. Die Kirchenberufung ist also immer zugleich Last und Freude, Zumutung und Zutrauen.

Die Kirche versteht sich – dem Wort Jesu entsprechend – auch als Salz. Man kann hier durchaus an Heilsalz denken: Denn vieles steht der liebenden Einheit der Menschen mit Gott und der Menschen untereinander im Weg. Es ist vor allem die Todeswunde, die Angst vor der Endlichkeit und Vergeblichkeit, die uns böse macht. „Heilsalz" kann uns von solcher Angst heilen, die uns hindert, zu „werden, was wir sind" (Meister Eckhart): nämlich in Gottes Art Liebende.

41 | Die Lehre vom Heil (Soteriologie) geht der Kirchenberufung voraus. Im Kontext eines exklusiven Heilspessimismus ist das Gesamtkonzept der Seelsorge ein anderes als im Kontext eines inklusiven Heilsoptimismus. Dazu: Zulehner, Paul M./Heller, Andreas: Denn du kommst unserem Tun mit deiner Gnade zuvor. Paul M. Zulehner im Gespräch mit Karl Rahner, Neuauflage, Ostfildern 2002.

Gängige „Lösungen"

Verantwortliche in den beiden Großkirchen haben die Anzeichen der Veränderung wahrgenommen. Wie sie derzeit
„agieren" oder eher „reagieren", das soll in einem zweiten Teil
dieses pastoralen Essays skizziert und reflektiert werden.

Im Folgenden werden zwei der derzeit am meisten ange-
wendeten „Lösungen" vorgestellt und evaluiert, mit denen die
Kirchenleitungen auf die Herausforderungen durch das Ende
der Konstantinischen Ära reagieren. Die erste Lösung, die sehr
weit verbreitet ist: Es werden ausländische Priester „impor-
tiert". Die zweite, ebenso weitverbreitete: Strukturanpassungen, wobei vor allem die pastoralen Räume gedehnt werden.

Import ausländischer Priester

Manche Diözesen ersetzen also die fehlenden einheimischen
Priester durch Priester aus anderen Ländern. Das führte inzwischen dazu, dass der Anteil an ausländischen Priestern
im Klerus in manchen Diözesen nahezu die Hälfte ausmacht.
Diese Priester kommen aus Ländern, in denen es einen be-
achtlichen Nachwuchs an Priestern gibt.

Der Kreis solcher Länder hat sich allerdings im Lauf der
Jahrzehnte deutlich verändert. Nach dem Zweiten Weltkrieg
wurde dieser innereuropäische Priesterexport in den Niederlanden organisiert. Erzbischof Franz Jachym von Wien
berichtet, dass seine Freunde (vor allem Johannes Josephus
Dellepoort, der die „Europese Priesterhulp" leitete[42]) in

42| http://resources.huygens.knaw.nl/bwn1880-2000/lemmata/bwn3/delle-
poort (Stand 3.2.2017)

Maastricht ein Europaseminar eingerichtet haben.[43] Priester aus verschiedenen europäischen Ländern, die dort ihr Studium gemacht haben, wurden in andere europäische Länder geschickt, die zu wenige Priester hatten; so auch nach Österreich. Inzwischen ist auch in den Niederlanden oder in Spanien (wo nicht wenige Kandidaten herkamen) der Nachwuchs an einheimischen Priestern drastisch gesunken. Einer der Gründe für den Rückgang in den Niederlanden sind die turbulenten Entwicklungen in der Kirche nach dem Zweiten Vatikanischen Konzil. Es gab Auseinandersetzungen um den sogenannten Holländischen Katechismus[44]. Auch das Pastoralkonzil stieß in Rom auf heftige Kritik.[45] Die Kirchenleitung in Rom reagierte mit der Ernennung einer Reihe sehr konservativer Bischöfe. Die Enttäuschung vieler Katholikinnen und Katholiken war groß. Nicht wenige kehrten der Kirche den Rücken. Eine wichtige Rolle spielte zudem, dass sich die traditionelle „Versäulung" der Gesellschaft auflöste, welche der Kirche eine wichtige Rolle und dem Klerus Ansehen sicherte.

Heute kommen die ausländischen Priester aus anderen Ländern. Dazu gehört Polen, das vor allem in der kommunistischen Zeit volle Priesterseminare hatte. Obgleich nach dem Fall des Kommunismus deren Zahl leicht rückläufig ist,

43 | Jachym, Franz: Zur Priesterfrage in Österreich, in: Kirche in Österreich 1918–1965, hg. v. Ferdinand Klostermann u.a., Wien 1968, 407–465, hier 423.

44 | Deutsch: Glaubensverkündigung für Erwachsene, Nijmegen 1968.

45 | Goddijn, Walter: Pastoraal Concilie van de Nederlandse Kerkprovincie, Amersfoort o.J. – Goddijn, Walter/Wewerinke, Hans/Mommers, Fons: Pastoraal Concilie (1965–1970). Een experiment in kerkelijk leiderschap, Baarn 1986. – Zulehner, Paul M.: Het Pastoraal Concilie in Nederland (1965–1970). Een mislukt experiment? Bew. uit het Duits, door J. van Megen. Nijmegen, Katholiek Instituut voor Massamedia, 1998. – Hampe, Johann Christoph: Das niederländische Pastoralkonzil, in: StdZt 181 (1968) 177–195.

werden immer noch viele polnische Priester in westeuropäische Diözesen gerufen. Nicht wenige Priester stammen zudem aus Asien, hier vor allem Indien und Vietnam, oder einem der afrikanischen Länder. Manche werden dort von unseren Bischöfen angeworben. Andere kommen zum Studium nach Europa und bleiben. Manche Orden entsenden Priester, um Fundraising zu machen.

Die Deutsche Bischofskonferenz hatte 2010 eine Studie[46] in Auftrag gegeben, um das Wirken ausländischer Priester in deutschen Pfarrgemeinden und Einrichtungen zu evaluieren. Das Ergebnis ist ernüchternd. Die Studienautoren raten dazu, etwa zwei Drittel der angeworbenen Priester so schnell wie möglich wieder nach Hause zu schicken. Sie hätten in der Seelsorge unter den Bedingungen moderner europäischer Kulturen sowohl sprachlich wie theologisch größere Probleme und würden dadurch oftmals pastoralen Schaden verursachen. In guter und nachhaltiger Seelsorge komme es auf die Fähigkeit zu „geistlicher Kommunikation" an. Eine solche könne nur mit hervorragender Kenntnis der Sprache und der Lebenskultur des Landes gelingen. Fehle es an sprachlichen Fähigkeiten, dann bestehe die Gefahr, dass sich Priester hinter den Ritualen der Liturgie gleichsam „verstecken". Allerdings gibt es unter den ausländischen Priestern eine Minderheit herausragender Persönlichkeiten, deren Qualität jene der einheimischen Priester manchmal übersteigt.

Dazu kommt, dass die nach Europa angeworbenen Priester aus Indien und Afrika im Priesteramt in ihrem Heimatland einen hohen sozialen Zugewinn gesucht und auch er-

---

46 | Gabriel, Karl/Leibold, Stefan/Ackermann, Rainer: Die Situation ausländischer Priester in Deutschland, Ostfildern 2011.

halten haben. In Europa hingegen ist die allgemeine Wertschätzung der Priester im Abnehmen begriffen.

Zudem gibt es in den Gemeinden dank des Zweiten Vatikanischen Konzils immer mehr selbstbewusste und theologisch gebildete Laien, Frauen und Männer, die sich von Gott berufen fühlen, sich nachhaltig und entscheidend am Leben und Wirken der Gemeinde zu beteiligen.[47] Sie betrachten sich daher nicht mehr wie einst als willige Mitarbeiterinnen und Mitarbeiter der Priester, sondern als Mitarbeiter Gottes, der sie in unvertretbarer Weise dieser konkreten Gemeinschaft hinzugefügt hat.

Auf diesem Hintergrund sind vielfältige Spannungen, manchmal auch offene Konflikte, zwischen klerikal gestimmten ausländischen Priestern auf der einen und konziliar geformten Pfarrgemeindemitgliedern auf der anderen Seite nicht überraschend.

Auch diese Aussage gilt wiederum nicht für alle ausländischen Priester, wie auch manche (jüngere) einheimische Priester von solcher klerikalen Versuchung nicht frei sind.[48]

In den betroffenen Pfarreien, in denen ein ausländischer Priester wirkt, sind die Ansichten unterschiedlich. Man-

47 | Zulehner, Paul M.: Der Reichtum der Kirche sind ihre Menschen, Ostfildern 2010. – Zulehner, Paul M./Hennersperger, Anna: Damit die Kirche nicht rat-los wird, Ostfildern ³2011.

48 | Zulehner, Paul M.: Priester im Modernisierungsstress, Ostfildern 2001. – Ders.: Kirche und Priester zwischen dem Auftrag Jesu und den Erwartungen der Menschen, Wien 1974. – Ders.: Wie geht's Herr Pfarrer, Graz 2010. – Zulehner, Paul M.: Aufruf zum Ungehorsam. Taten, nicht Worte reformieren die Kirche; zweite „kreuz&quer"-Pfarrerstudie der ORF-Abteilung Religion (Gerhard Klein), Ostfildern 2012.

che, die eine Auflösung ihrer Pfarrei befürchten, sagen: „Ich denke, lieber ausländische Priester in den Pfarren als gar keine. Das Vermögen der Kirche sollte aufgewendet werden, dass Pfarren möglichst erhalten bleiben." So eine 50–59-jährige Frau aus dem Vikariat Süd der Erzdiözese Wien. Und eine andere (40–49-jährige) Frau wünscht sich: „Eventuell Priesteranwärter aus dem Ausland zur Verfügung stellen."

Es gibt aber auch Gegenstimm(ung)en. So schrieb in einer Onlineumfrage ein 1959 geborener Mann: „Schlimm finde ich den Import ausländischer Priester im großen Stil. Es gibt viele schlimme Erfahrungen mit ausländischen Priestern, die einfach mit der Sprache und unserer Kultur nicht zurechtkommen."

Downsizing einer sterbenden Kirchengestalt

Sicherung des herkömmlichen Pastoralbetriebs

Der Import ausländischer Priester kann als Versuch angesehen werden, den herkömmlichen Pastoralbetrieb in unseren Kirchenbreiten durch die Akquisition von Priestern aufrechtzuerhalten. Den zahlenden Kirchenmitgliedern wird der pastorale Kernservice garantiert: Die sonntägliche Eucharistiefeier und die „Sakramentenspendung" werden gesichert (hier in Anführungszeichen, weil es theologisch natürlich um die Feier der Sakramente und nicht um deren Spendung geht – gespendet wird Geld). Auch wird dem Kirchenrecht Genüge getan. Eine Pfarrgemeinde kann nur von einem Pfarrer geleitet werden, der wiederum ein ordinierter Priester sein muss.

Strukturanpassungen

Die meisten Diözesanleitungen setzen jedoch derzeit auf Strukturreformen. Sie zielen auf eine „Lösung" der verschiedenen Mängel durch die Ausweitung der pastoralen Räume. Kaum eine Diözese kommt um sie herum, wenn sie nicht ausreichend viele ausländische Priester akquiriert hat bzw. akquirieren kann.

Dabei leugnet kaum jemand ernsthaft, dass zumindest der Anlass für diese Maßnahme in der katholischen Kirche der Mangel an verfügbaren Priestern ist. Das Ziel besteht zumeist darin, dass für jeden pastoralen Raum ein Pfarrer zur Verfügung steht. Nimmt also die Zahl der einsatzfähigen Priester ab, nimmt notgedrungen die Größe der pastoralen Räume zu.

In einer Reihe von Diözesen ist es nicht bei einer einzigen Strukturanpassung geblieben: Manche machen bereits eine zweite oder dritte Runde durch. Die evangelischen Kirchen sind der katholischen Schwesterkirche in diesem Belang einige Schritte voraus. Wegen deutlich höherer Kirchenaustritte bekamen diese früher als die katholische den Rückgang an Finanzen zu spüren und mussten den etablierten Pastoralbetrieb diesem Schritt um Schritt anpassen.

Deparochialisierung

Bei den Strukturanpassungen gehen die einzelnen Diözesen keinesfalls den gleichen Weg.[49] Manche handeln kurativ, sie

49 | „Mehr als Strukturen... Entwicklungen und Perspektiven der pastoralen Neuordnung in den Diözesen". Dokumentation des Studientages der Frühjahrs-Vollversammlung 2007 der Deutschen Bischofskonferenz, hg. v. Sekretariat der Deutschen Bischofskonferenz, Arbeitshilfen 213, Bonn 2007. – „Mehr als Strukturen..." Neuorientierung der Pastoral in den

ändern so wenig wie möglich. Andere greifen operativ massiv ein. Dabei spielen alle Mangelerscheinungen eine motivierende Rolle: jener an überalterten Kirchenmitgliedern, der Mangel an verfügbaren Priestern und schließlich auch die Angst um den vorhersehbaren Rückgang an Finanzen.

Der markanteste Unterschied zwischen diesen beiden Stilen besteht in der Frage, was mit der Mehrzahl der historisch gewachsenen Pfarreien passiert: Bleiben sie rechtlich erhalten und werden sie für verstärkte vernetzte pastorale Kooperation gewonnen oder werden sie aufgelöst und zu neuen pastoralen Räumen (manche Strukturreformer nennen solche Einheiten „Pfarre neu") zusammengefügt, in der sich eine neuartige pastorale Dynamik entwickeln soll mit vielfältigen Gemeinden, Gemeinschaften, Netzwerken und Projekten?

Eine Reihe von Diözesen, vor allem jene mit überwiegend städtischer Struktur (wie Essen), haben die Anzahl der Pfarreien drastisch reduziert oder sind gerade dabei, dies zu tun (wie die Erzdiözese Wien). Historisch gewachsene Pfarreien, auch solche mit starkem gläubigen Leben und Einsatz, werden als Pfarrei aufgelöst, mit einer oder mehreren anderen zu neuen pfarrlichen Konstrukten fusioniert – eine Fusion, die nicht wenig Konfusion auslöst. Der Sparstift macht auch vor pastoralen Einrichtungen und Vorgängen nicht halt, die nicht pfarrlich organisiert sind: Bildungshäuser, Einrichtungen der sogenannten kategorialen Seelsorge.

Die Auflösung bedeutet für die betroffenen Pfarreien eine tief greifende rechtliche Veränderung. Diese wird als „Deparochialisierung"[50] bezeichnet. In diesem kirchenrecht-

(Erz)Diözesen, hg. v. Sekretariat der Deutschen Bischofskonferenz, Bonn 2007.

50 | „Deparochialisierung" bedeutet übersetzt „Ent-Pfarrlichung", also Aufhebung der Pfarrei. Hense, Ansgar: Stabilität und Flexibilität – Strukturveränderungen in den Diözesen im Fokus des Kirchen- und Staatskir-

lichen Prozess werden den historisch gewachsenen Pfarreien drei Rechte genommen: das Recht auf einen eigenen Pfarrer, das Recht auf die sonntägliche Eucharistiefeier und das Recht auf Finanzhoheit.

Durch diese „Entparochialisierung" wollen manche einen theologisch umstrittenen Zustand beheben. Dieser hat mit einer Regelung des CIC 1983 zu tun. Im Canon 517 wird im Paragraf 2 vorgesehen:

„§2. Wenn der Diözesanbischof wegen Priestermangels glaubt, einen Diakon oder eine andere Person, die nicht die Priesterweihe empfangen hat, oder eine Gemeinschaft von Personen an der Wahrnehmung der Seelsorgsaufgaben einer Pfarrei beteiligen zu müssen, hat er einen Priester zu bestimmen, der, mit den Vollmachten und Befugnissen eines Pfarrers ausgestattet, die Seelsorge leitet."

Nicht wenige Diözesen haben von diesem Paragrafen ausgiebig Gebrauch gemacht. Im Hintergrund behielt ein ordinierter Moderator die Gesamtverantwortung. Die unmittelbare Verantwortung für die Seelsorge oblag aber einem Diakon, hauptamtlichen oder manchmal auch ehrenamtlichen Laien, als Einzelpersonen oder in einem Team. Faktisch wurden damit Pfarreien von Laien geleitet. Laien übernahmen so besehen die presbyterale Aufgabe des Vorstehens, manchmal auch des Taufens (war einst dem Bischof vorbehalten) und auch der amtlichen Eheschließung (etwa in Schweizer Pfarreien[51]). Darunter waren und sind Laien, die von ihrer Ausbildung her durchaus geweiht wer-

chenrechts, in: Essener Gespräche zum Thema Staat und Kirche (44), hg. von Burkhard Kämper und Hans-Werner Thönnes, Aschaffenburg 2010, 57–156.

51 | Zulehner, Paul M./Renner, Katharina: Ortsuche. Umfrage unter Pastoralreferentinnen und Pastoralreferenten im deutschsprachigen Raum, Ostfildern 2006.

den könnten. Lediglich Geschlecht oder Lebensstand sprechen derzeit kirchenrechtlich dagegen. Das Kirchenvolk
hätte damit nur wenige Probleme. Die Kirchenmitglieder interessieren sich für die Eignung der Personen, nicht für
deren Weihe.

Man kann diese Situation von zwei Seiten her kritisch befragen. Entweder haben diese can-517-§2-Personen einen
Weihemangel.[52] Oder aber es wird faktisch für immer mehr
(presbyterale) Aufgaben die Ordination unerheblich. Junge
Anwärter für den Priesterberuf erleben, dass sie faktisch
auch verheiratet so gut wie ein Pfarrer eingesetzt werden
können.

Das ist wohl für theologisch versierte Bischöfe einer der
Gründe, Pfarreien zu deparochialisieren. Damit wird kirchenrechtlich mehr Raum für den pastoralen Einsatz von
qualifizierten haupt- und ehrenamtlichen Laien, (verheirateten) Frauen wie Männern, geschaffen. Die Bezeichnung der
deparochialisierten Gemeinschaften erfolgt je nach Diözese
unterschiedlich. Von Filialgemeinden ist die Rede, aber auch
von Kirchorten.

Die Umwandlung von Pfarreien in „Filialgemeinden", wie
sie etwa in der Erzdiözese Wien angepeilt wird, stößt bei vielen auf Unverständnis. 67% können in meiner Umfrage im
Jahre 2012 dieser Umwandlung von eigenständigen Pfarren

52| Die katholische Kirche wirft den Kirchen der Reformation vor, presbyte-
rale Aufgaben ohne gültiges Amt wahrnehmen zu lassen. Gemeindeleitung wird zu diesen Aufgaben gezählt. Gemeindeleitung meint aber
theologisch besehen nicht einfach die Leitung einer Pfarrei. Eine solche
Praxis ist jenseits allen ökumenischen Konsenses. Laien in der Gemeindeleitung leiden an einem „defectus sacramenti ordinis" (UR 22,3), der
auf dem Konzil den Kirchen der Reformation vorgeworfen wurde. „Nicht
an Amt und Amtsträgern fehlt es, sehr wohl aber am Sakrament der
Priesterweihe." Neuner, Peter: Abschied von der Ständekirche, Freiburg
2015, 168.

in „Filialgemeinden" nur wenig abgewinnen; lediglich 15% finden es für richtig, dass aus kleineren, bisher selbstständigen Pfarren „Filialgemeinden" werden. 6% stimmen dieser Absicht voll und ganz zu.

Dass diese Deparochialisierung sozialpsychologisch negative Nebenwirkungen haben kann, wird von Befragten ausdrücklich bejaht. Sie wird als eine Art Abwertung und damit Kränkung, Demütigung erlebt.[53]

Solche setzen weder im privaten Leben noch in der Politik kreative Energien und konstruktives Engagement frei. Vielmehr reagieren nicht wenige mit Rückzug: So befürchtet ein 70-jähriger Mann: „Die Bindung der Gläubigen könnte sich durch die ‚Herabstufung' von Pfarre auf ‚Filialgemeinde' lockern."

Eine Demütigung kann auch durch die „Herabstufung" eigenständiger Pfarrer zu Mitgliedern eines Priesterteams in einer „Pfarre neu" ausgelöst werden. Ein 70-Jähriger, der den kommenden Reformen durchaus offen gegenübersteht, fragt besorgt, ob sich der Priestermangel aufgrund der laufenden Strukturreformen nicht noch beschleunigen werde:

„Wie werden sich die herabgestuften ehemaligen Pfarrer verhalten? Die Pensionsberechtigten werden sofort in den Ruhestand treten und die Lage noch verschlimmern."

---

53 | Kränkung findet in Psychologie, Psychotherapie und Politologie wegen ihrer fatalen Auswirkungen auf das persönliche Leben sowie das Zusammenleben von Völkern immer mehr Aufmerksamkeit. So betont Moïsi, Dominique: La géopolitique de l'émotion, Paris 2008 [Kampf der Emotionen, München 2009; The geopolitics of emotion, New York 2009], dass die arabische Welt derzeit eine Region der „humiliation", der Demütigung sei, was den Terror befördert habe. Ähnlich führt Kränkung im persönlichen Leben zu Depression und Aggression. Haller, Reinhard: Die Macht der Kränkung, Wals 2016.

Besorgnis wird auch geäußert, ob sich für die neuen pastoralen Großbetriebe geeignete Pfarrer als Leiter finden werden. Zudem bestehe, so manche, die Gefahr, dass diese Priester überfordert werden. Ein Mann unter 29, Laie, vermerkt in der Wiener Studie 2012:

„Ich fürchte, dass die zuständigen Priester/Pfarrer diesen Aufgaben, für so große Gebiete zuständig zu sein, nicht gewachsen sind. Es führt auch zu einer ‚Verunpersönlichung‘ des Verhältnisses der Gemeinde mit dem Pfarrer. Für solche großen Organisationsräume sind sie auch nicht ausgebildet, was zu einer Überforderung führt. Somit wird der Pfarrerberuf der nächste burnout-anfällige Beruf, worunter auch die Seelsorge leiden wird. Die Gemeinden leiden auch darunter, da überhaupt nicht auf sie eingegangen wird. Man schätzt die Arbeit der einzelnen Pfarren nicht mehr, es geht nur um eine einfachere Organisation für die Verantwortlichen in der Erzdiözese Wien (so kommt es mir vor). Die praktische Umsetzung und wie es den einzelnen Gemeinden damit geht, wird überhaupt nicht beachtet. Die Organisationssysteme welcher der Pfarren sollen z. B. übernommen werden? Welche Traditionen beibehalten, welche verworfen werden? Ich sehe die Gefahr in einer großen Verlustanzahl der Kirchengänger. Ich glaube auch nicht, dass die Laienarbeit um vieles verbessert wird, wenn die Laien aus ihrem Umfeld gerissen werden und nun in einer neuen Strukturumgebung, die ihnen nicht vertraut ist, freiwillig mitarbeiten sollen. Ich fürchte, dass viele Laien dann nicht mehr mitarbeiten werden. Darunter leidet wiederum die Pfarrgemeinde (z.B.: Jungschar-Kinder, Seniorenrunden…). Viele kleine Gruppen (‚Hausgemeinden‘) in einer Pfarre führen nur zu Konkurrenzdenken, nicht zu einer besseren Struktur. Ich hätte es besser gefunden, den Pastoralassistenten mehr

Verantwortung zu geben und so eben nicht in jeder Pfarre für jeden Sonntag einen fixen Pfarrer zu haben, dafür aber die Organisation des Gemeindelebens zu unterstützen und beizubehalten. Zu einer Eucharistiefeier kann ich ja auch freiwillig in eine andere Pfarre gehen, ohne dass die Struktur mich dazu zwingt."

Deparochialisierung hat auch eine theologische Dimension. Dass sie vom Priestermangel forciert wird, ist ihre dunkle Seite. Es müsste theologisch mehr die Würde einer Pfarrei berücksichtigt werden. Im Raum einer Pfarrei lebt eine gläubige Schar von Menschen, mit denen gemeinsam Gott eine lokale Kirchengeschichte schreibt. Und das oftmals über viele Generationen hinweg. Rund um das und auf dem Konzil gab es unter renommierten Theologen eine beträchtliche „ekklesiologische" Auseinandersetzung. Die Frage lautete: Wo ist die Kirche verwirklicht? Die Aufwertung des Bischofsamtes durch das Konzil veranlasste Joseph Ratzinger zu betonen, dass Kirche dort sei, wo der Bischof ist. „Ortskirche" bedeutete zugleich „Bischofskirche". Die Pfarreien waren nach diesem Verständnis nur Ausfaltungen dieser Bischofskirche. Karl Rahner setzte dagegen seine Theologie der Pfarrei. Auch in jeder einzelnen Pfarrei sei Kirche voll und ganz gegenwärtig, vor allem, wenn sie Eucharistie feiere. Daher sei auch der Pfarrer nicht nur ein Anhängsel an einen Bischof, gleichsam des Bischofs vorgeschobener Posten. Dass es vielfältige Formen von Pfarreien geben könne, leugnet Rahner dabei nicht. Aber er insistiert eben auf das „Pfarrprinzip".[54]

54| Rahner, Karl: Friedliche Erwägungen zum Pfarrprinzip, in: ZfKT 70 (1948) 169–198. – Ders.: Der Einzelne in der Kirche, in: StdZt 139 (1946–47) 260–276. – Dazu auch: Walter, Peter: Syngrammata – Gesammelte Schriften zur Systematischen Theologie, Freiburg u.a. 2015. – Kruppa, Nathalie/Zygner, Leszek: Pfarreien im Mittelalter – Deutschland, Polen,

Biblisch besehen realisiert sich Kirche in vielfältiger Weise. Ihre Möglichkeiten reichen von der Kirche in den Häusern über die Kirche in einem Ort, in einer Stadt hin bis zur Universalkirche. So verwendet der Evangelist Matthäus beim Bericht des Gesprächs Jesu mit Petrus in Mt 16,13–20 die Kirche „universell", hingegen bei der Erinnerung an die Gemeinderegel zur Lösung von Konflikten in Mt 18,15–18 „lokal".[55]

Völlig „lokal" realisiert sich die Kirche nach Martin Luther:

„Das ist aber die Meinung und Summa von diesem Zusatz: Ich gläube, daß da sei ein heiliges Häuflein und Gemeine auf Erden eiteler Heiligen unter einem Häupt, Christo, durch den heiligen Geist zusammenberufen, in einem Glauben, Sinne und Verstand, mit mancherlei Gaben, doch einträchtig in der Liebe, ohne Rotten und Spaltung. Derselbigen bin ich auch ein Stück und Gelied, aller Güter, so sie hat, teilhaftig und Mitgenosse, durch den heiligen Geist dahingebracht und eingeleibet dadurch, daß ich Gottes Wort gehört habe und noch höre, welchs ist der Anfang hineinzukommen."[56]

Warum nicht Parochialisierung als missionarischer Anreiz?

Nun rechnen Organisationsentwickler in ihren Überlegungen zum Change-Management in einer ersten Phase von Re-

---

Tschechien und Ungarn im Vergleich, Göttingen 2008 (hier weitere Literatur zum Pfarrprinzip in Fußnote 8 auf Seite 12).

55 | Mehr zum biblischen „Prinzip Gemeinde": Zulehner, Paul M.: Gemeindepastoral, Düsseldorf 1991.

56 | Luther, Großer Katechismus, BSLK 657, 25–38.

formen mit „Verlusten". Sobald aber die Reform greife, werde ein Aufschwung einsetzen.

Bemerkenswert ist ein Ergebnis der Wiener Umfrage 2012. Dort wurde hypothetisch auch nach einer möglichen „Parochialisierung" gefragt. „Eine Filialgemeinde, in der die Anzahl der Ehrenamtlichen und Kirchgänger spürbar wächst, soll wieder eine eigenständige Pfarre werden können." Dieser Satz findet eine hohe Zustimmung. 54% stimmten voll und ganz zu, weitere 24% gaben eine einfache Zustimmung. 2% halten davon gar nichts.

Ob eine solche Politik der Anreize nicht auch zu einem missionarischen Aufschwung führen könnte? Aber vielleicht passt das nicht zur derzeitigen Grundstimmung in den Kirchen und ihren Gemeinschaften. Der damalige Erfurter Bischof Joachim Wanke beschreibt diese so:

„Unserer katholischen Kirche in Deutschland fehlt etwas. Es ist nicht das Geld. Es sind auch nicht die Gläubigen. Unserer katholischen Kirche in Deutschland fehlt die Überzeugung, neue Christen gewinnen zu können. Das ist ihr derzeit schwerster Mangel."[57]

Moratorium

Dank einer boomenden Wirtschaft und der Bindung der Kirchensteuer an Einkommen und Vermögen erleben die beiden Großkirchen (zumindest in Deutschland) derzeit eine Art finanzielles Moratorium. Doch ist das nicht mehr als eine Atempause. Die durch den vielfältigen Mangel verursachten Strukturanpassungen werden unvermindert weitergehen – solange kein Weg gefunden wird, etwa den Man-

---

57 | Deutsche Bischofskonferenz: Zeit zur Aussaat. Missionarisch Kirche sein, Nr. 68, Bonn 2000.

gel an Priestern anders zu meistern. Jedenfalls hat der tief greifende Wandel in der Ära die Unzulänglichkeit der herkömmlichen Kirchenstruktur ungeschminkt ans Licht gebracht.

Kirchenleitungen, zumal im deutschsprachigen Raum, reagieren auf die Herausforderung ziemlich profan: Fachleute der Organisationsentwicklung werden um viel Geld angeheuert, um die überkommenen Strukturen an die sinkenden Zahlen anzugleichen. Jahre hindurch erfreute sich die Unternehmensberatung McKinsey in einer Reihe von Diözesen einer hervorragenden Auftragslage. Theologen, schon gar nicht Pastoraltheologen, waren kaum beteiligt.[58] Manche von den Organisationsfachleuten vermerken inzwischen, dass eine Art *„downsizing einer sterbenden Kirchengestalt"* in Gang gekommen sei.[59] Auf einem niedrigeren Niveau an Personal und Aufwand wird der herkömmliche Pastoralbetrieb weitergeführt. Oder – wie wir es weiter unten noch weiterdiskutieren werden – man reformiert im Rahmen, aber nicht den Rahmen. Nicht zur Kenntnis genommen wird eben der scharfe Satz von Papst Franziskus, dass wir nicht mehr in einer Ära des Wandels leben, sondern den Wandel der Ära erleben.

58 | Dazu auch Pock, Johann: Gemeinden zwischen Idealisierung und Planungszwang. Biblische Gemeindetheologien in ihrer Bedeutung für gegenwärtige Gemeindeentwicklungen. Eine kritische Analyse von Pastoralplänen und Leitlinien der Diözesen Deutschlands und Österreichs, Wien 2006.

59 | Mitschke-Collande, Thomas von: Zwischen Papstbegeisterung und Reformdruck, ohne Ort 2006. – Ders.: Schafft sich die katholische Kirche ab? Analysen und Lösungen eines Unternehmensberaters, München 2012.

Der Strukturwandel im Spiegel von Betroffenen

Die von manchen Kirchenleitungen in Gang gesetzten Umbauprozesse bewegen das Kirchenvolk enorm. In der Onlineumfrage für die Erzdiözese Wien im Jahre 2012 habe ich mich bei Betroffenen erkundigt. Aus dem Bericht sollen im Folgenden jene Aspekte mitgeteilt werden, die meiner Einschätzung nach weit über die Erzdiözese Wien hinaus von Bedeutung sind.

Aus 650 Pfarren werden 150

Zunächst eine knappe Skizze des Wiener Prozesses. An seinem Beginn verlautbarte der Erzbischof: Aus 650 „Pfarren alt" sollen durch Pfarrauflösungen bzw. Pfarrfusionen 150 „Pfarren neu" werden. Joseph II. hatte die Zahl der Pfarreien 1783 enorm vermehrt, um den Menschen zu Fuß die Teilnahme an der Sonntagsmesse zu ermöglichen, aber auch um die Armen im Land zu versorgen, die Impfung der Kühe sicherzustellen und Soldaten zu rekrutieren.[60] Er, der Kardinal, werde ihre Anzahl gegenläufig verringern. Ähnliches ist in einigen deutschen Diözesen bereits gemacht worden. Eine der ersten war das Ruhr-Bistum Essen mit seinem städtischen Ballungsraum. Derzeit reformieren neben anderen das Bistum Trier und Speyer die diözesanen Strukturen.

Die Erzdiözese Wien hat diesen Vorgang von Pfarrfusionen in einen spirituellen Prozess eingebunden. Dieser trägt

---

60 | Müller, Josef/Rautenstrauch, Franz Stephan: Der pastoraltheologisch-didaktische Ansatz in Franz Stephan Rautenstrauchs „Entwurf zur Einrichtung der theologischen Schulen", Wien 1969. – Giftschütz, Franz: Leitfaden der in den k. k. Erblanden vorgeschriebenen deutschen Vorlesungen über die Pastoraltheologie, Wien 1787.

den Titel „Apostelgeschichte 2010". Drei große diözesane Zusammenkünfte im Stephansdom wurden abgehalten. Nicht nur Strukturen sollten sich ändern, sondern auch das Evangelium sollte die Mitglieder der Diözese und ihre vielfältigen Gemeinschaften und damit als Evangelisierung das Land wieder neu erfassen. Jüngerinnen- und Jüngerschule sowie Neuevangelisierung, missionarische Chance, heißen die entsprechenden Projekte.

Top-down mit Beteiligung bei der Durchführung

Der Gesamtprozess wird durch eine Steuerungsgruppe gelenkt, welche der Erzbischof eingesetzt hat. Es handelt sich organisationsentwicklerisch besehen um eine klassische Top-down-Reform, in welche im Zuge der Durchführung konsultative Elemente implementiert werden. Als eine Orientierung dient für den frankophilen Kardinal von Wien die Diözese Poitiers in Frankreich.

In der Diözese Poitiers fand allerdings kein Top-down-Prozess mit partizipativen Elementen in der Durchführung statt. Am Anfang stand vielmehr eine Diözesansynode, welche gemeinsam mit dem Bischof Albert Rouet[61] den diözesanen Umbauprozess besprach und beschloss. Zudem war die religiöse Lage in der Diözese Poitiers hinsichtlich der Teilnahme der Getauften am kirchlichen Leben sowie die Lage des Personals wie der Finanzen noch prekärer als in zentraleuropäischen Diözesen.

Diese Synode stützte sich auf die das Leben dieser Diözese nachhaltig prägenden Beschlüsse des Zweiten Konzils im Vatikan. Im Mittelpunkt stand nicht die Frage, wie viele

---

61 | Feiter, Reinhard/Müller, Hadwig: Was wird jetzt aus uns, Herr Bischof?, Ostfildern [6]2014.

Priester der Bischof hat (auch dort waren es bei Weitem zu wenig für die alten Kirchenstrukturen). Vielmehr rückte die Präsenz des Evangeliums im Land durch gläubige Gemeinden in den Mittelpunkt. Die Synode grenzte „leere pastorale Räume" (secteurs) ab. In diesen sollten sich entschiedene gläubige Menschen als lokale Gemeinschaften (communautés locales) zusammentun. Ihr gemeinschaftliches Leben sollten sie mit ehrenamtlich tätigen Mitgliedern selbst in die Hand nehmen. Drei aus der Gemeinschaft gewählte Personen sollten sich für „Gebet, Zeugnis und Dienst" verantwortlich fühlen. In das laikale Leitungsteam wurden mit den Verantwortlichen eines secteur zwei weitere Personen hinzugewählt: einer für Finanzen, einer für die Leitung: allesamt Laien.

Ausgangspunkt für diesen Entwurf im Sinn des Zweiten Vatikanums ist das Volk Gottes und seine unvertretbare eigenverantwortliche Selbstorganisation. In dieser Hinsicht unterscheiden sich die Strukturreformen im deutschen Sprachraum beträchtlich von Poitiers. Sie sind letztlich „kryptoklerikal", von den (fehlenden) Priestern her entworfen und damit von einem vorvatikanischen Kirchenbild geleitet. Faktisch korrelieren die jetzt neu gegründeten Mega-Pfarreien eng mit der vorhersehbar kleinen Priesterzahl. Oder ein wenig vorsichtiger formuliert: Die sinkende Priesterzahl gab zumindest den Hauptanstoß zum Kirchenumbau. Dass dies der Fall ist, lässt sich auch daran erkennen, dass in Zeiten, in denen man noch hinreichend viele Priester zu haben meinte, keine dergestaltigen Strukturreformen angegangen worden sind, sieht man von den Pfarrverbänden ab, die von postvatikanischen Synoden forciert wurden. Dass die zu niedrige und sinkende Priesterzahl als Hauptgrund für den Wandel in den Kirchenstrukturen benannt wird, widerspricht nicht dem Anliegen von Verantwortlichen, dem strukturellen Umbau eine Erneuerung des Lebens in den neuen Strukturen folgen zu lassen.

Inzwischen existieren vielfach die neuen Strukturen, oder bildlich gesprochen: die neuen Schläuche. Jetzt beginnen die Kirchenwinzer, sich um jungen Wein zu kümmern. Werden die Gemeinden, die im Zuge der Strukturreform enorm viel an Organisationsenergie und Zuversicht verbraucht haben, viele Kirchenmitglieder, die durch die Auflösung als eigene Pfarre auch vor den Kopf gestoßen wurden, nunmehr dazu die Kraft haben?

Diese faktische Abfolge – zuerst Schläuche, dann Wein; zuerst Umbau der Strukturen, dann Aufbau lebendiger Gemeinden (wobei manche vor dem Umbau durchaus sehr vital waren, im Zuge des Umbaus aber ins Trudeln geraten sind) – wird von den Betroffenen in der Onlineumfrage auch so wahrgenommen.

Es waren einige Aussagen zum Vorgang vorgelegt worden. Die Personen konnten abgestuft ihre Zustimmung zur oder Ablehnung der Aussage kundtun. Das war die Frage, der eine Reihe von Antwortmöglichkeiten beigesellt war: „Wie schätzen Sie die vorgesehene Strukturreform ein?"

Tabelle 3: „Wie schätzen Sie die vorgesehene Strukturreform ein?"

	1	2	3	4	5	kA
sie sind eine Reaktion darauf, dass die Geldmittel immer weniger werden	47%	28%	15%	6%	3%	1%
sie sind eine Antwort auf den Priestermangel (nach dem kirchenrechtlichen Grundsatz: „jede Pfarre braucht einen Pfarrer")	41%	22%	14%	10%	12%	1%
sie sind ein Impuls für einen pastoralen Aufbruch	10%	15%	24%	23%	27%	1%
sie dienen der Optimierung der Pastoral unter modernen Bedingungen	8%	15%	26%	26%	25%	1%
sie schaffen die Möglichkeit für unterschiedliche gläubige Netzwerke für die jeweiligen Milieus	8%	20%	34%	22%	14%	2%
sie eröffnen eine missionarische Chance	6%	13%	22%	27%	31%	1%
sie setzen die Volk-Gottes-Theologie des Zweiten Vatikanischen Konzils um	6%	13%	26%	21%	33%	2%
die verbreitete Depression in den Gemeinden kann durch sie beendet werden	3%	7%	16%	26%	47%	1%

1 = trifft voll zu, 5 = trifft überhaupt nicht zu. UMFRAGE ED Wien 2012

Das Ergebnis besticht durch seine Eindeutigkeit:

- Ganz oben rangieren Aussagen über Krisenmomente im herkömmlichen Pastoralbetrieb. 75% sehen im Geldmangel, 63% im Priestermangel die orientierenden und motivierenden Ursachen.

- Deutlich weniger Gewicht wird Begründungen gegeben wie: sie ist ein Impuls für einen pastoralen Aufbruch (25%), sie dient der Optimierung der Pastoral unter modernen Bedingungen (23%), sie schafft die Möglichkeit für unterschiedliche gläubige Netzwerke für die jeweiligen Milieus (28%), sie eröffnet eine missionarische Chance (19%); sie setzt die Volk-Gottes-Theologie des Zweiten Vatikanischen Konzils um (19%) sowie: es kann die verbreitete Depression in den Gemeinden durch sie beendet werden (10%).

Enttäuscht vermerkte eine 50–59-jährige Frau, welche der Reform nicht zuzustimmen vermochte: „Ich kann mir nur vorstellen, dass die finanziellen Aspekte besser werden… sonst eigentlich nichts."

Und eine andere gleichaltrige Frau schlägt in die gleiche Kerbe:

„Ein großes Defizit ist, dass nachgehende Seelsorge definitiv nicht mehr möglich ist und eine ‚missionarische Chance' vergeben wird. Menschen vor Ort werden dann nicht mehr erreicht, die Kirche weiter marginalisiert. Ich glaube, dass der Kontakt zur Pfarre weiter schwinden wird. Um die Menschen zu erreichen, muss man mit viel Feingefühl mitgehen (das kostet Zeit), sonst ist der Gemeindevorsteher – wer immer es ist – kein ernst zu nehmender Ansprechpartner in Zeiten der Krise, weil er auch sonst nicht ausreichend (oder nur als überfordert) wahrgenommen wird. Gemeinschaft muss in unserer zunehmend unsolidarisch erscheinenden Zeit wieder erlebbar werden."

Vertrauen in Reformbereitschaft?

Von der Mehrzahl der Betroffenen wird die Reform als „schwieriger Wandel" wahrgenommen, nicht erwünscht, zugemutet, auferlegt.

Es ist kein von den Betroffenen gesuchter oder gewollter Wandel. Dabei kann offenbleiben, ob die Menschen die Dringlichkeit nicht wahrnehmen. Vielleicht hat man sich, anders als in Poitiers, einfach nicht der Mühe einer Synode unterziehen und dabei Zeit verlieren wollen. Auch ist schwer zu sagen, ob die Betroffenen in den Gemeinden reformträge sind, weil sie keinen „sense of urgency" besitzen. Stimmt das aber? Ein Befragter, 40–49-jährig, Laie, erklärt klar: „Jede Reform hat ihre Chance. Hier geht es nicht um besser oder schlechter, sondern um Notwendigkeit."

Wenn die Verantwortlichen dem Kirchenvolk keine Reformbereitschaft zugetraut haben: Gelingt eine Reform der Kirche und ihres Lebens mit dem Ziel von mehr Lebendigkeit, wenn die Menschen dafür nicht gewonnen werden (können)?

Jedenfalls erkennt man anhand der Daten, dass die Mehrzahl der Befragten die Reform nicht als ihre, als „unsere Reform" betrachten. Es ist die Reform der Kirchenleitung, ihrer Steuerungsgruppe (ein Wort, das in der Erzdiözese Wien besser nicht mehr verwendet wird, weil es bei vielen in den Gemeinden negative Gefühle der Abwehr auslöst).

Diese Grundstimmung erinnert mich an die Aussage eines Gastwirts am Zauchensee. Der damalige Dechant von Altenmarkt und spätere Erzbischof von Salzburg, Georg Eder, ließ in dieses Schigebiet eine schmucke kleine Holzkirche hineinbauen, damit die Schifahrer und Angestellten sonntags nicht 15 km nach Altenmarkt fahren müssen (was im Winter auch wegen eisiger und verschneiter Straße gar nicht immer möglich ist). Ich sage also einem Gastwirt: „Jetzt habt ihr eine Kirche hier. Das ist doch fein." Worauf der Wirt in seinem kernigen Dialekt erwiderte: „Das ischt nicht unsre Kirch, das ischt die Kirch von der Kirch!"

Wer wird von Reformen gewinnen?

Eine Bestätigung dieses Befunds findet sich auch im Ergebnis auf die Frage: „Was meinen Sie: Wer wird durch die Reform am meisten gewinnen?" Die Antworttendenz lautet: „Nicht wir vor Ort." Als Gewinner werden vielmehr die Finanzkammer (61%) sowie die Verantwortlichen in der Erzdiözese (58%) gesehen. Weit weniger gewinnen werden hingegen die Laien (24%), die Priester (19%), die Qualität der Seelsorge (15%) oder die gläubigen Gemeinden (14%).

Abbildung 1: Was meinen Sie: Wer wird durch die Reform am meisten gewinnen?

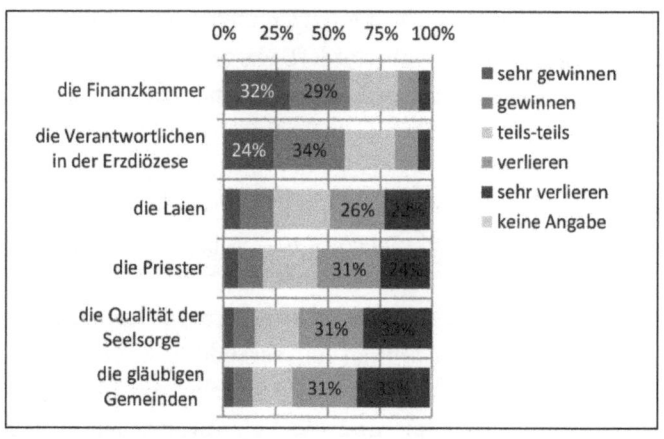

UMFRAGE ED Wien 2012

Ob die Laien durch die Reform aufgewertet werden, wurde eigens untersucht. Eine solche Aufwertung wird in der Tat von vielen erhofft: So sollen künftig in den geplanten „Filialgemeinden" Laien praktisch die Leitung übernehmen (52%). Dazu soll dem „Laienleiter" ein „Leitungsgremium" zur Seite stehen; dieses entsteht durch eine Umwandlung des Pfarrgemeinderates aus einem Beratungs- in ein Leitungsgremium (55%). Ein 50–59-jähriger Mann, der die Reform befürwortet, vermerkt dazu etwas skeptisch:

„Wenn die Reformen tatsächlich im Sinn des Vatikanums II erfolgen (Lumen gentium), dann wird durch die wirkliche Einbeziehung der Gläubigen als ‚allgemeine Priester' die Seelsorge und das Engagement wesentlich besser. Wenn allerdings, was ich befürchte, lediglich Kosmetik betrieben wird und die Verantwortung nicht wirklich auf die Laien übertragen wird, wird die Frustration nur noch höher..."

Die Bereitschaft der Befragten, sich mehr als bisher zu engagieren, ist beachtlich hoch (63%). Zugleich wird die Befürchtung geäußert, dass familiär wie beruflich überforderte Personen durch die zugemuteten ehrenamtlichen Tätigkeiten gänzlich überfordert werden. So schrieb eine Person, die Geschlecht und Alter nicht nannte:

„Vor allem in kleinen Gemeinden, denke ich, läuft man Gefahr, die Ehrenamtlichen zu überfordern und die vielfach bereits vorhandene Frustration noch zu verstärken."

Die längere Bemerkung eines 40–49-jährigen Mannes zur „Reformkultur" macht nachdenklich:

„Eine über lange Zeit gewachsene Struktur lässt sich mit schmerzhaften Einschnitten nur verändern, wenn alle Betroffenen den Eindruck gewinnen können, dass alle Möglichkeiten ausgeschöpft und die Verantwortlichen ehrlich sind. Das abgehobene und weltfremde Agieren von Kirchenverantwortlichen, das Gefühl, nicht alle Informationen bekommen zu haben, und die Klarheit, dass NICHT alle Möglichkeiten ausgeschöpft sind, lassen mich diesen Prozess eher misstrauisch beobachten. In den letzten Jahren entwickelt sich die röm. kath. Kirche in Europa zu einem Eliteverein, da für die intensive Betreuung der Gemeinden die Kosten zu hoch geworden sind und der Priesternachwuchs künstlich durch Reglementierungen eingeschränkt wird. Das Zweite Vatikanische Konzil hat den Bischöfen Zeit geschenkt, die sie in den letzten 50 Jahren fahrlässig veruntreut haben."

Könnte es gar sein, dass sich Kirchenleitungen mithilfe der Strukturreformen entlasten, so fragt ein Untersuchungsteilnehmer. Könnte ein hintergründiges Ziel sein, die derzeitige Not des Priester- und Finanzmangels durch Reformaktivitäten zu verschleiern: Die neuen Strukturen könnten das trügerische Gefühl geben, dass jetzt für die Zukunft der Pfarreien bestens vorgesorgt sei? Ein Teilnehmer (50–59, Mann) vermutet in diese Richtung:

„Bei einer Pfarre, einem Pfarrverband oder einem Seelsorgsraum kann man die pastorale Not benennen. Man kann sagen, die Pfarre ist besetzt oder auch nicht. Man kann sagen, für die vorhandenen Orte, Gottesdienststätten ist ein Priester ausreichend oder auch nicht. Bei der ‚Neuen Pfarre‘, wo mehrere Priester wirken, wird diese Aussage schon schwieriger. Wenn mit Errichtung dieser Pfarre fünf wirken und es geht dann jemand in Pension oder möchte wechseln, ist diese Pfarre noch immer betreut. Wie wird diese pastorale Not beschrieben?"

Befürwortung und Widerstand

Die Daten der Onlineumfrage zeigen, dass die Strukturreform in der Erzdiözese bei den Betroffenen völlig gegenläufige Gefühle auslöst. Ein Teil befürwortet diese und macht mit, ein anderer Teil lehnt sie entschieden ab und leistet Widerstand, eine dritte Gruppe sieht Vor- und Nachteile und möchte eine für sie akzeptablere Lösung verhandeln.

Zusammenfassend werden folgende Vorteile gesehen:

Viel breiter ist die Zustimmung zu der nicht vorgesehenen Variante light: 67% finden größere pastorale Räume für bestimmte pastorale Aufgaben gut. Dazu gehören exemplarisch Bildungsarbeit, Jugendarbeit, MitarbeiterInnenschulung oder Administration. Lediglich 10% lehnen diese Variante ab.

Mit der Vergrößerung der reduzierten Zahl an Pfarren geht auch der Plan einher, in der künftigen Zentralpfarre den/die Priester anzusiedeln und ihnen ein Team von kompetenten hauptamtlichen Laien (Pastoralassistenten) zur Seite zu stellen. Sind es mehrere Priester, dann ist einer von ihnen der Pfarrer. Die anderen werden zu Mitarbeitenden im Team, verlieren also zumeist ihren bisherigen Pfarrer-Status. Dass die so in Teams zusammengefassten ehelosen Priester auch gemeinsam wohnen, unterstützen 27%, 38% lehnen dies ab, 32% liegen auf der Mittelposition „teilsteils".

Diese Teams in den größeren Räumen ermöglichen, dass die Charismen der Mitglieder gezielt zur Entfaltung kommen. Das unterstützen immerhin 30%. Eine Voraussetzung für die Arbeit in den Teams ist eine hohe Kooperations- und Konfliktfähigkeit, so ziemlich einhellig 87%. Ein paar Stimmen dazu:

„Qualität der Seelsorge kann durch gute Teamarbeit gewinnen, gemeinsam kann vieles leichter werden." [40–49-jährige Frau]

„Priester einer Region können entsprechend ihren besonderen Fähigkeiten eingesetzt werden und müssen das, was ihnen nicht so liegt, nicht unbedingt durchführen." [40–49-jährige Frau]

„Wenn der Ansatz wirklich aufgeht, werden Priester mit anderen Charismen nicht mehr Pfarrer sein ‚müssen'. Schlechter: am Land wird es nicht in jeder Filialgemeinde ‚alles' geben und man muss eventuell weitere Wege zurücklegen, um zu dem Angebot zu kommen, das man möchte." [50–59-jährige Frau]

„Zusammenarbeit der jetzigen Pfarrgemeinden, Bündelung und Förderung der Charismen wird viell. besser; schlechter wird vermutl. die Organisation und ev. Gemeinschaftsgefühl vor Ort (Stichwort: keine Pfarrkanzlei in Filialgemeinde), Beziehung Priester – Laien." [30–39-jährige Frau]

„Besser: Charismen können zielgerichtet eingesetzt werden. Schlechter: Menschliche Beziehungen werden oberflächlicher." [60–69-jähriger Mann, Laie]

„Derzeitige als Pfarrer eingesetzte, aber dafür schlecht bis nicht geeignete Priester werden hoffentlich in ihren negativen Wirkungen begrenzt und besser auf ihre Charismen und Stärken ausgerichtet… vorausgesetzt die zukünftig als Pfarrer eingesetzten Priester können bzw. dürfen und wollen das." [über 70 Jahre alter Mann, Laie]

Mit den größeren pastoralen Räumen wird von den Planern die Hoffnung verbunden, dass sich in ihnen eine Vielfalt von besonderen Gemeinschaften und Gemeinden formieren könne. Das sieht ein Drittel (34%) der Befragten auch so. Dass es künftig Aufgabe der Priester sei, vorrangig solche Gemeinden zu gründen, halten lediglich 13% für angebracht: obgleich dies 1977 von den deutschen Bischöfen als noch wichtiger angesehen wurde, denn Gemeinden zu leiten.[62]

Die geplanten Großraumpfarreien könnten den verbreiteten „Campanilismo", also das Kirchturmdenken, abmildern, so 17%.

Begegnet man Verantwortlichen aus deutschsprachigen Diözesen, die an den Strukturreformen verantwortlich mitgewirkt haben, ist nur wenig Euphorie und Aufbruchstimmung zu spüren.

Eher trifft man angespannten Durchhaltewillen an. Hinter vorgehaltener Hand sagen manche, die Diözese sei an die Wand gefahren worden.

Vereinzelt artikulieren Gruppen ihren Widerstand, so Priester aus Köln[63] oder auch eine Gruppe in der Diözese Rottenburg-Stuttgart[64].

„Wir brauchen jetzt ein Umdenken in der Pastoralplanung. Das bisherige System haben die Kirchenleitungen vor

62 | Deutsche Bischofskonferenz: Die pastoralen Dienste in der Gemeinde, Bonn 1977.
63 | Der Brief der Priester des Weihejahrgangs 1967 im Wortlaut: Sieben Wegweiser in die Zukunft, in: https://www.domradio.de/themen/erzbistum-koeln/2017-01-10/der-brief-der-priester-des-weihejahrgangs-1967-im-wortlaut
64 | Initiative pro concilio: Zeit zum Handeln. Memorandum zur Frage neuer Zugangswege zum Kirchlichen Amt, Stuttgart, 12.12.2016.

unseren Augen zusammenbrechen lassen. Großpfarreien sind in jeder Hinsicht eine Zumutung: Die zunehmende Anonymisierung und Vereinzelung in der Gesellschaft werden dann auch kirchlich noch gefördert, anstatt dem entgegenzuwirken. Kirche muss vor Ort zu finden und zu sprechen sein. Die Leitung der Gemeinde gehört nicht in eine ferne Zentrale, sondern dahin, ,wo der Kirchturm steht und die Glocken läuten'. Es ist hingegen sinnvoll, dass es auch ortsübergreifende Beziehungsnetze gibt wie Caritas, Jugendgemeinschaften oder Kirchenmusik."

„Es braucht einen Raum für Erfahrungsgemeinschaften des Glaubens im Kleinen und im Großen, nämlich die Kirche mit Gemeindezentrum. Das Gemeindesterben ist dann durchaus nicht vorprogrammiert, wenn Kirchenmenschen vor Ort sind und dort auch leben. Von Überlegungen und Projekten z.B. in Österreich und Frankreich können wir lernen."[65]

„Die Lösung kann daher nicht in der Errichtung immer größerer Seelsorgeeinheiten liegen, was die ohnehin bereits überlasteten Priester noch mehr überfordern würde."[66]

Die österreichische Pfarrerinitiative hat sich bereits früh ablehnend zu den in einigen österreichischen Diözesen anlaufenden Umbauprozessen geäußert.[67]

65 | https://www.domradio.de/themen/erzbistum-koeln/2017-01-10/der-brief-der-priester-des-weihejahrgangs-1967-im-wortlaut
66 | PRO CONCILIO: Zeit zum Handeln. Memorandum zur Frage neuer Zugangswege zum Kirchlichen Amt, Rottenburg-Stuttgart 2016.http://www.pro-concilio.de/fileadmin/mediapool/gemeinden/E_initiative_pro_concilio/PDF-Dateien/12-Memorandum-Aktion/Memorandum-Onlineversion.pdf
67 | Dazu: Zulehner, Paul M.: Aufruf zum Ungehorsam. Taten, nicht Worte reformieren die Kirche, Ostfildern 2012. – Zulehner, Paul M.: Wie geht's, Herr Pfarrer?, Wien 2010.

Ein 30–39-jähriger Mann, Laie, fasst Pro und Contra der Bildung von großen neuen pastoralen Räumen mit einer einzigen „Pfarre neu" ausgewogen zusammen:

„Besser: – Überlastung von Priestern mit mehreren (kleinen) Pfarren, weil man Parallelstrukturen abbaut und mehr subsidiär arbeiten kann in großen Pfarren mit Filialgemeinden. – Mitverantwortung der Laien wird deutlich gestärkt, auch im Bewusstsein derer, die das bisher nicht so sahen (sowohl klerikalistische Priester als auch passive Laien) – mehr Offenheit für andere in größeren Räumen (‚über den eigenen Kirchturm hinaussehen')

Schlechter: – Die Identifikation der Kirche vor Ort – wir müssen schauen, dass es uns nicht wie der Post geht: Postservicestellen für Großräume und Postpartner in kleinen Gemeinden, die, wenn der erste Schwung und die ersten begeisterten Personen weg sind, zusperren – das sehe ich als Gefahr! – sehr viele Fragen sind ja noch offen (Ausbildung der Laien-Leiter, wer repräsentiert Kirche vor Ort – am Land eine wichtige Frage, Zusammenarbeit der Priester, die zu Einzelkämpfern früher erzogen wurden... es kommt also sehr auf die Verhandlungen über all die offenen Fragen an, ob der ganze Prozess zu einem guten Start in eine neue Zukunft wird oder in einem Desaster enden wird... ... und was ist, wenn in 10 Jahren Kardinal Schönborn in Pension ist/geht und ein ganz anderer Bischof kommt, der etwas anderes will??? (s. Passau)"

Man kann das auch so formulieren: Die meisten Kirchenleitungen reagieren weithin durch eine Reform innerhalb des herkömmlichen Rahmens. Es ist eine Art konservativer Strukturkosmetik. Was es aber braucht, ist eine Reform des Rahmens selbst.

Noch wichtiger ist es auszukundschaften, wohin die Entwicklung führen sollte. Nur wer eine Vision für den Dienst der Kirche in der Welt von heute („Gaudium et spes" und „Lumen gentium" werden hier zusammengenommen) hat, wird auch angemessene Strukturen ausbilden können. Sonst kann es passieren, dass man neue Schläuche schafft, aber für diese keinen jungen Wein hat. Eine solche leitende Vision wird sich nur an der Schnittstelle von treu überlieferter Tradition und verlässlich und unvoreingenommen wahrgenommener Situation entwickeln können. In beiden „Realitäten" ist der Herr der Kirche, der Auferstandene, mit seinem Geist am Werk. Beide, Tradition wie Situation, sind sogenannte „loci theologici". An diesen Orten kann die Kirche erkennen, was Gott ihr heute zutraut und zumutet. Es sind Orte, an denen alle Disziplinen vom Leben und Zusammenleben der Menschen mit allen theologischen Teildisziplinen in den Dialog treten.

Junger Wein

Viele deutschsprachige Diözesen sind auf dem Weg zu neuen Strukturen schon weit gegangen. Nicht wenige Verantwortliche haben angesichts des Vollbrachten gemischte Gefühle. Sie haben etwas vorangebracht und neue Strukturen geschaffen. Zugleich herrscht aber auch eine gewisse Ernüchterung. Nicht wenige merken, dass neue Strukturen noch nicht automatisch neue Lebendigkeit bedeuten. So fragen sie besorgt, wie in die neuen Schläuche bekömmlicher Wein gefüllt werden könnte. Und was diesen jungen Wein ausmacht.

Mit ganz anderen Worten: Es zeigt sich, dass die stattfindenden Strukturreformen die Kirchen in unseren modernen Kulturen (allein) nicht zukunftsfähig machen. Zukunftsfähig kann nur bedeuten: Wie kann das Evangelium in das Leben und Zusammenleben heutiger Menschen eingewoben werden? Welche Vorgänge sind dafür erforderlich? Und noch tiefer gefragt: Was sind die Gratifikationen des Evangeliums für heutige Menschen, ihr privates und ihr gesellschaftliches Leben (in all seinen Teilbereichen wie Kunst, Kultur, Medien, Bildung, Politik, Sport)? Und auf die Spitze getrieben: Wie können jene Menschen, die Gott zu seiner Kirche beruft, ihre Berufung erkennen und die Zumutung, die sie enthält, entschlossen und bereitwillig annehmen?

Ein paar Anleitungen für den langen Weg in zukunftsfähige Kirchen, die sich der ihnen von Gott in der Welt von heute gestellten Zumutung aussetzen, sollen im Folgenden zusammengestellt werden.

Zukunftsfähige Kirchen(gemeinden)

Solche Überlegungen können nur mit Meditationen über eine orientierende und motivierende Vision beginnen. Denn woran es derzeit unseren Pfarrgemeinden mangelt, sind nicht primär moderne Strukturen, sondern bewegende Visionen. Pfarreien, die sich über Jahre hinweg mit Strukturreformen beschäftigen mussten und dabei womöglich aufgelöst und fusioniert wurden, sind danach eher demotiviert. Günter Anders abwandelnd ließe sich pointiert sagen: „Kein Aufbruch droht!" Manche Pfarreien leiden derzeit unter einer poststrukturellen Depression. Diese gilt es durch den Balsam von Visionen zu heilen. Vielleicht kann solche Heilung auch dabei helfen, dass nicht eine sterbende Kirchengestalt im überkommenen Rahmen heruntergefahren wird, sondern der Rahmen selbst reformiert wird und so den Handlungsspielraum enorm weitet.

Visionen für kirchliche Gemeinschaften (egal ob für Ordensgemeinschaften, Pfarreien, Filialgemeinden, Netzwerken an Kirchenorten oder Andersorten[68]) sind eine der

---

68 | Ein Gewährsautor dafür ist Foucault, Michel: Von anderen Räumen, in: Dünne, Jörg: Raumtheorie. Grundlagentexte aus Philosophie und Kulturwissenschaften, Frankfurt 2006, 317–329. – Heterotopien sind „wirkliche Orte, wirksame Orte, die in die Einrichtung der Gesellschaft hineingezeichnet sind, sozusagen Gegenplatzierungen oder Widerlager, tatsächlich realisierte Utopien, in denen die wirklichen Plätze innerhalb der Kultur gleichzeitig repräsentiert, bestritten und gewendet sind, gewissermaßen Orte außerhalb aller Orte, wiewohl sie tatsächlich geortet werden können". Foucault, Michel: Andere Räume, in: Barck, Karlheinz (Hg.): Aisthesis: Wahrnehmung heute oder Perspektiven einer anderen Ästhetik. Essais. Leipzig ⁵1993, 39. – Als Beispiele für Heterotopien nennt Foucault Jugend-, Alten- und Erholungsheime, psychiatrische Kliniken, Gefängnisse, die Kollegs des 19. Jahrhunderts, Kasernen, Friedhöfe, Kinos und Theater, Gärten, Museen, Bibliotheken, Festwiesen, Feriendörfer, kultische und nicht-kultische Reinigungsstätten, Gästehäuser, Bordelle, Kolonien sowie das Schiff als Heterotopie schlechthin. Spiegel nehmen

pfingstlichen Urgaben des Auferstandenen an seine Kirche und ihre Gemeinschaften. In gebotener Kürze soll hier der Weg zu einer von möglichst vielen gemeinsam bewohnbaren kirchengemeindlichen Vision, die verbindlich ist und verbindet, skizziert werden. Was hier bedacht wird, gilt für Pfarrgemeinden, Filialgemeinden, Ordensgemeinschaften oder sonstige Glaubensnetzwerke auch.

Vier Schritte zu einer gemeindlichen Vision

Zu den theologischen Grundannahmen für den schrittweisen Weg zu einer für möglichst viele gemeinsamen Vision gehört:

Jede Person, die Gott seinem Volk durch eine unvertretbare Kirchenberufung „hinzufügt"[69], trägt eine „kleine Vision" für die Gemeinschaft in sich. Diese kleinen Visionen der Einzelnen gilt es in einem *ersten Schritt* aufzuspüren und durch Erzählen und Zuhören in einem gemeinsamen spirituellen Prozess zu heben. Dafür eignen sich bestens Dreiergruppen. In solchen ist die Kommunikationsschwelle niedrig. Zudem haben drei die Verheißung, dass der Auferstandene mit seinem Geist mitten unter ihnen ist, wenn sie sich in seinem Namen versammeln (Mt 18,20).

Werden Elemente dieser „kleinen Visionen" in einem *zweiten Schritt* gesammelt, dann werden sich Gemeinsamkeiten zeigen, aber auch Unterschiede. Beide gehören zum Visionsschatz einer Kirchengemeinde bzw. einer kirchlichen Gemeinschaft. Vielfalt bedeutet Reichtum. Sie ist typisch für

---

eine interessante Funktion ein, sie sind weder Utopie noch Heterotopie, sondern etwas Dazwischenliegendes. https://de.wikipedia.org/wiki/Heterotopie_(Geisteswissenschaft)

69 | Dieses Wort verwendet die Apostelgeschichte für den Aufbau gläubiger Gemeinschaften (Apg 2,41.47).

den schöpferischen Reichtum der Gaben Gottes, seiner „Charismen". Aus den gehobenen Visions-Bausteinen kann ein erster Entwurf für eine gemeinsame Vision formuliert werden.

Dann aber muss in einem *dritten Schritt* die „gehobene" Vision, die sich aus den vielen „kleinen Visionen" speist, auf den Prüfstand der „großen Vision" der Kirche gestellt werden. Der Grund ist einfach. Bei unserem Erkennen spielen immer Interessen und Macht eine Rolle. Salopp formuliert: Niemand ist davor gefeit, den eigenen Vogel mit dem Heiligen Geist zu verwechseln. Bei diesem Schritt geschieht Bestärkung, Ergänzung und Korrektur in einem. Ein Beispiel: Aus Erfahrung kann ich sagen, dass es in vielen unserer Gemeinschaften heute einen Überhang an Spiritualität gibt, während handfeste Solidarität in vielen bürgerlich gewordenen, gut situierten Gemeinden an den Rand gerät. Diese Erkenntnis kann mit Blick auf die biblischen Erzählungen (z.B. Ex 3,7–10; Mt 25,35–41) zu einer besseren Balance zwischen Spiritualität und Solidarität, Mystik und Diakonie führen.

Jetzt kann schließlich in einem *vierten Schritt* die gemeinsame Vision ausformuliert werden. Dabei ist wichtig, diese leitende Vision in wenige gut ausformulierte pastorale Projekte zu verdichten[70], die innerhalb der Gemeinde oder – wie noch zu erklären sein wird – oftmals besser gemeinsam mit

70 | Ein vorbildliches Beispiel dafür ist der Passauer Pastoralplan 2000. „Gott und den Menschen nahe" (Passau 2000). Dieser sieht für die kommenden Jahre neun gemeinsame diözesane Projekte vor. Solche sind: Im Geheimnis Gottes wohnen. Öffentlich Gott bezeugen. Beheimaten. In Liebe dienen. Zeit haben. Ehrenamtliche fördern. Hauptamtliche qualifizieren und stärken. Strukturen der Seelsorge weiterentwickeln. Präsent sein in Kultur und Politik. Vgl. Zulehner, Paul M.: Kirche umbauen, nicht totsparen, Ostfildern 2005.

anderen Gemeinschaften in einem größeren pastoralen Raum durchgeführt werden. Diese Projekte sind so zu designen, dass sie auch evaluiert werden können. Sie brauchen also klar überprüfbare Ziele, die beispielsweise mit dem Satz zu tun haben: „In einem Jahr ist sichergestellt, dass…"[71]

Abbildung 2: Schritte zu einer gemeindlichen Vision

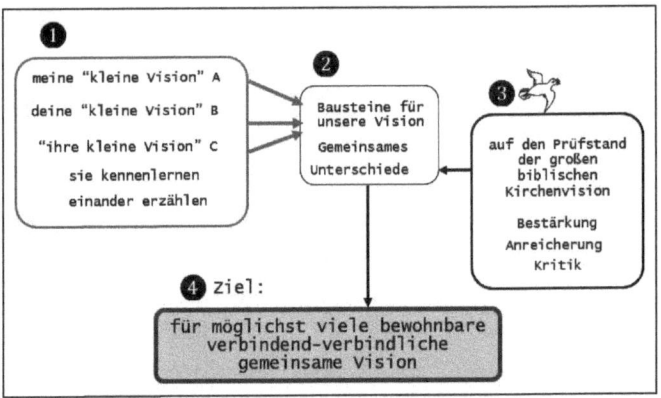

71 | Dazu heißt es im Passauer Pastoralplan: „Für die Umsetzung eines jeden dieser Projekte braucht es eine wirkungsvolle und konsequente Projektarbeit. Sie ist nötig, um die Erneuerung der Seelsorge in begrenzter Zeit konzentriert und mit gebündelten Kräften anzugehen. Ziel solcher Projektarbeit ist es, mit allen Beteiligten das jeweilige Projekt auszuarbeiten, zu bestimmen, wer was, in welchen Räumen, mit welchen Mitteln, aus welchen Gründen, auf welche Weise und in welcher Zeit tut und wie nach welchen überprüfbaren Kriterien diese Aktivitäten ausgewertet werden. Dem Leitbild und den Zielen des Pastoralplans entsprechend beruft der Bischof im Zuge der Umsetzung für jedes Projekt eine Projektgruppe und stattet sie mit den entsprechenden Personen und Mitteln aus." Passauer Pastoralplan 2000, 33.

Vereinbarung und Vor-Gabe

Die Anlage dieses Weges erfolgt theologisch besehen in mystagogischer Arbeitsweise.[72] Eine solche lebt davon, dass Gott mit seinem Heiligen Geist in jedem Menschen am Werk ist, weshalb sich an einem solchen gemeindlichen Visionsprozess auch Nichtmitglieder, Skeptiker und Atheisierende beteiligen können.

Aus organisationsentwicklerischer Perspektive ist Mystagogie alles andere als ein Top-down-Vorgang. Sie arbeitet zwar primär, aber nicht ausschließlich „bottom-up". Vielmehr gibt es Inputs von beiden Seiten, aus dem Kirchenvolk und von vielfältigen Verantwortlichen. Diese Inputs treffen sich in der Mitte und lösen dort eine produktive Entwicklung aus.[73] Theologisch ist glasklar, dass in beiden Inputs Gottes Heiliger Geist am Werk sein kann.

Mystagogie geht also einen Mittelweg zwischen Vorgeben und Vereinbaren. Diese zwei Vorgehensweisen haben ihre je eigenen Vor- und Nachteile. Wer eine Vision vorgibt, ist zwar schnell, braucht dann aber viel Organisationsenergie und damit wiederum Zeit, um von außen motivierend diese Vision zu implementieren und deren Auswirkung zu kontrollieren. Vereinbarungen hingegen sind wegen der breit angelegten Teilnahme zeitaufwändig, begünstigen aber eine Innenmotivation, die bei der Ausführung kaum Anschub benötigt. Die Zeit, die bei der partizipativen/synodalen Vi-

72| Zulehner, Paul M./Heller, Andreas: Denn du kommst unserem Tun mit deiner Gnade zuvor. Paul M. Zulehner im Gespräch mit Karl Rahner, Neuauflage, Ostfildern 2002. – Knobloch, Stefan/Haslinger, Herbert: Mystagogische Seelsorge, Mainz 1991.
73| Zu solchem Vorgehen rät der japanische Guru der Organisationsentwicklung Nonaka, Ikujiro/Takeuchi, Hirotaka: Der weise Manager, Harvard Business Manager vom 28.6.2011.

sionserarbeitung investiert wird, gewinnt man in der Durchführung wieder zurück.

Der Weg zur gemeinsamen Vision einer kirchlichen Gemeinschaft liegt an der Schnittstelle von Vereinbarung und Vorgabe. Die Vorgabe lebt vom reichen Erbe der unverbrauchten Tradition, die Vereinbarung ist zeit-, freud- und leidsensibel. Spirituell kann die Vorgabe als Vor-Gabe verstanden werden: Sie ist dann jene Orientierung, welche der Kirche als Jesusbewegung geschenkt ist. Die Vereinbarung wiederum vertraut darauf, dass der Auferstandene mit seiner Bewegung in unserer Zeit unterwegs ist. Die Vor-Gabe orientiert sich mehr an „Lumen gentium", die Vereinbarung mehr an „Gaudium et spes".

Ob das Vorgeben oder Vereinbaren in einem konkreten Prozess überwiegt, hängt von den Beteiligten und ihrem „Reifegrad" ab. Kirchengemeinden, die eine lange entmündigende klerikale Tradition hinter sich haben, werden sich mit dem Vereinbaren schwerer tun als Gemeinden mit theologisch versierten Mitgliedern.

Auf einem Bein stehend

Nach Jahren des Zusammenlebens mit seiner Partnerin ließ sich im Wiener Stephansdom ein bekannter Journalist kirchlich trauen. Ich stand der Zeremonie vor. Ein halbes Jahr später kontaktierte er mich wegen eines Anliegens: Er habe einen 15-jährigen Sohn namens Max. Dieser sei mit einem 15-Jährigen befreundet, der auch Max heiße. Beide hätten nun den Wunsch, gefirmt zu werden. Dazu möchten sie aber nicht den üblichen Firmkurs in der Pfarrei besuchen. Denn dort seien die Kinder zwölf Jahre alt. Da würden sie als 15-Jährige nicht mehr dazupassen. Ob ich nicht bereit sei, beide auf die Firmung vorzubereiten. Ich antwortete etwas verschmitzt: „Ich habe als Pensionist ohnedies nichts zu tun, also mache ich es gerne." Ich treffe mich also mit den beiden in meiner Wohnung und vereinbare das Programm. Zwei Dinge müsse ich am Ende des Weges klar haben, so sagte ich ihnen gleich am Beginn des gemeinsamen Weges:

- Erstens müssten sie mir auf einem Bein stehend erklären können, welche die Vision Jesu für seine Bewegung gewesen sei.
- Zweitens möchte ich in unseren Zusammenkünften das sichere Gefühl erhalten, dass sie „wild entschlossen" sind, sich dieser Jesusbewegung auch anzuschließen.

Sie stimmten meinen Bedingungen zu. Und als die zehn Zusammenkünfte vorüber waren, erklärten sie mir beide, auf einem Bein stehend, Jesu Vision für seine Bewegung. Zudem hatte ich aufgrund der Ernsthaftigkeit, mit der sie sich am Kurs beteiligt hatten, den Eindruck gewonnen, dass ihre Bereitschaft, sich der Jesusbewegung auch praktisch anzuschließen, absehbar gegeben war.

„*Auf einem Bein stehend*": Dies ist ein Brauch aus der jüdischen religiösen Kultur. Jeder Hausvater in Israel muss in der Lage sein, einem Heiden, einem goj also, zu erklären, was die Berufung Israels ist. Und er durfte dazu nicht länger brauchen, als er in der Lage war, auf einem Bein zu stehen.

Aus dieser Begebenheit lassen sich zwei erste topwichtige Erkenntnisse über die Zukunftsfähigkeit unserer kirchlichen Gemeinschaften ableiten:

Es braucht Menschen, welche die Jesusbewegung und deren Vision gut kennen und die zweitens bereit, ja fest entschlossen sind, sich dieser Bewegung auch anzuschließen.

Beim zweiten Element kommt der Wandel in der Ära voll zum Tragen. Ist Religion nicht mehr Schicksal, sondern Wahl, dann wird das Wählen im Sinn des Treffens einer persönlichen Entscheidung immer wichtiger. Es sind dann künftig nicht mehr nur die Priester und die Ordensleute, die nach einer gediegenen spirituellen und theologischen Bildung ihre Bereitschaft erklären, indem sie in feierlicher Weise ihr „Adsum" (Ich bin da, ich bin bereit) sprechen. Im Rahmen eines Grundkurses gemeindlichen Glaubens[74] geht es daher darum, dass jede einzelne Persönlichkeit in ihrer letzten Einsamkeit vor Gott die Frage stellt: „Gott, was traust du mir, was mutest du mir zu in jener kirchlichen Gemeinschaft, der du mich hinzugefügt hast?" Und dieses Fragen mündet im Idealfall eben in „wilde Entschlossenheit", dieser Zumutung und diesem Zutrauen Gottes durch Leben und Tun gerecht zu werden.

Mag sein, dass sich wegen dieses hohen Anspruchs die Zahl der tragenden Kirchenmitglieder in Zukunft vermindern wird. Zugleich verändert dies aber vermutlich die Qualität der kirchlichen Gemeinschaften. Das Salz ist nicht mehr in Gefahr, schal zu werden. Das Licht des Evangeliums kann in der Welt ungetrübt leuchten (vgl. Mt 5,13f.).

Ist das nur ein Nachteil? Heute gibt es unter den vielen Katholiken und Protestanten auch einige überzeugte und engagierte Christinnen und Christen. Unter den wenig(er)en Katholiken und Protestanten von morgen werden mehr Christinnen und Christen sein.

---

74 | Zulehner, Paul M./Fischer, Josef/Huber, Max: „Sie werden mein Volk sein", Düsseldorf 1985. – Als neunteiliger Intranetkurs mit Handouts für die Gruppenarbeit und Materialien (Filme, Texte) für die Vorbereitung (mit frei erhältlichem Zugangscode): www.zulehner.org.

Vision der Jesusbewegung

> *„Seid stets bereit,*
> *jedem Rede und Antwort zu stehen,*
> *der nach der Hoffnung fragt,*
> *die euch erfüllt!"*
> *(1 Petr 3,18)*

Das Stehen auf einem Bein nützt aber wenig, wenn man dabei nichts zu erzählen hat. Das ist das Zweite, worauf es bei der Zukunftsfähigkeit unserer kirchlichen Gemeinschaften ankommen wird:

Es braucht Menschen, die Auskunft geben können über die Vision, die ihr Denken und Handeln als Mitglied der Jesusbewegung leitet.

Was aber war Jesu Vision für seine Bewegung? Kennen wir die Vision, mit der Jesus seine Jüngerinnen und Jünger „infizierte", indem er sie mit ihnen anfing zu leben und in Gleichnissen und Geschichten zu erklären? Es war jene gelebte und erklärte Vision, die zur Ausstattung der Jesusbewegung[75] geworden ist.

Von der Vision der Jesusbewegung erzählen die Evangelien. Sie stellen uns einen Juden vor Augen, der von Gott ganz erfüllt war und dessen Leidenschaft darin bestand, einzelne Menschen, ja die ganze Menschheit von ihren Wunden zu heilen. Die griechischen Kirchenväter bewegte vor allem die Heilung von der Wunde des Todes. Die Angst vor dem Tod, vor der Vergeblichkeit und Endlichkeit, wurde

---

75 | Gerade in der Begegnung mit jungen Menschen vermeide ich das Reizwort Kirche und spreche lieber von der Jesusbewegung.

als Quelle erkannt, aus der das Böse in der Welt kommt: die Gewalt, die Gier, die Lüge.[76] Dank des bezeugten Sieges Gottes über den Tod kann die Angst der Menschen kleiner, dafür das Vertrauen größer werden. Und im Umkreis des Vertrauens können sich Glaube, Hoffnung und Liebe entfalten. Und genau das wollte Jesus erreichen: eine von Angst und Furcht befreite Welt im Kraftbereich eines liebenden Gottes und in ihr eine Menschheit, die in Gerechtigkeit und Frieden lebt.

Was das konkret bedeutet, können die Menschen inmitten ihrer eigenen Kultur herausfinden. Dazu ist es nötig, dass wir uns als moderne Zeitgenossinnen und Zeitgenossen in das Evangelium vertiefen. Dabei wird dieses in den je einzelnen, aber auch in den unterschiedlichen Gemeinschaften, ja in kontinentalen Kirchenregionen unterschiedliche Passagen des Evangeliums zum Schwingen bringen. Die Kirche im Herrschaftsbereich des Kommunismus liebte beispielsweise das Wort Wahrheit. In Lateinamerika veranlasste es viele Basisgemeinden, befreiend zu handeln. Die „Würzburger Synode" in Deutschland hat das Wort von der Hoffnung hervorgekehrt. Heute bewegen viele Menschen Gerechtigkeit, Frieden und Bewahrung der Schöpfung. Papst Franziskus kreist um das Wort Erbarmen. Alle diese unterschiedlichen Anliegen können mit der Botschaft des Evangeliums gut begründet werden.

Hat man einen mittelalterlichen Benediktinermönch danach gefragt, wie er die Kirche malerisch „schildern" würde, dann hat dieser in der hohen Kunst der Buchmalerei Abend-

---

76 | Zur Rolle der Angst als Quelle des Bösen: Renz, Monika: Erlösung aus Prägung, Paderborn 2008. – Drewermann, Eugen: Strukturen des Bösen. Die jahwistische Urgeschichte in psychoanalytischer Sicht, München 1977 (zwei Bände).

mahl und Fußwaschung dargestellt, übereinander oder ineinander verwoben in einem einzigen Bild. Auch dies ist eine kraftvolle Vision von Kirche: Ihre Mitte ist Jesus, der im Abendmahl eine tief geeinte Gemeinschaft formt. Denn wer vom Brot aß und sich so den „Leib Christi einverleibte", wurde sein „Leib", also jene Gemeinschaft, die in ihm geeint ist und in der es deshalb keine diskriminierenden Unterschiede mehr gibt zwischen „Juden und Griechen, Sklaven und Freien, Männer und Frauen" (Gal 3,28). Dem Abendmahl ist aber die Fußwaschung gleichrangig zur Seite gestellt. Das bedeutet, dass diese Gemeinschaft, die Jesus formt, stets eine Gemeinschaft der Fußwaschenden ist. Es ist, wie es die heiligen Worte sagen, ein „Leib hingegeben für...".[77]

Simon von Taisten (1450/55–1515): Abendmahl und Fußwaschung, in: Obermauern im Virgental (Osttirol)

77 | Brücken und Gräben. Sozialpastorale Impulse und Initiativen im Spannungsfeld von Gemeinde und Politik, hg. v. Norbert Mette u.a., Münster 1999.

Wenn ich selbst als gläubiger Christ und Theologe im Evangelium lese, dann entdecke ich einen Jesus, der sich mit Vorliebe den Menschen am Rande, den Kranken, den „Ausgesetzten", aber auch den Sünderinnen und Sündern und den Verachteten zuwandte. Sein Ziel war es stets, solche Menschen wieder in die Mitte des Lebens hereinzuheilen, hereinzulieben. Der derzeitige Bischof von Rom, Papst Franziskus, fordert daher von der kirchlichen Gemeinschaft, dass sie an die Ränder des Lebens geht, also zu den modernen „Ausgesetzten". Er geht mit seinem Beispiel voran. Deshalb finden wir ihn in Gefängnissen, bei Obdachlosen, bei den Flüchtlingen in Lampedusa oder in Lesbos.

Immer also geht es Jesus und allen, die in ihrem Leben in seiner Spur gehen, um nicht weniger als um „kleine Auferstehungen" schon mitten im Leben.[78] Denn das ist Gottes Gesetz, dass das Leben aufkommt und nicht umkommt (Ps 33). Und Leben heißt oftmals ganz einfach: einem ausgeschlossenen Aussätzigen das Gesicht zuzuwenden, dem Unansehnlichen Ansehen zu geben, ihn zu heilen und damit zu befähigen, sein Leben wieder selbstmächtig führen zu können, und dies wiederum inmitten der menschlichen Gemeinschaft (siehe etwa die Heilung eines Aussätzigen, wie sie Matthäus 8,1–4 berichtet[79]).

Damit in christlichen Gemeinschaften, in Orden, Pfarreien, geistlichen Bewegungen die unverbrauchten Visionen des Evangeliums präsent sind, braucht es kundige Wegbegleitende, denen die alten Erzählungen vertraut sind. Dazu zählen theologisch gut gebildete Frauen und Männer.

---

78 | Zulehner, Paul M.: Praxis der Kirche als Auferweckungspraxis. Befreiungstheologie auf europäische Art, in: Jahresbericht 1983/84, hg. v. d. Theologischen Fakultät Luzern, Luzern (1984) 25–35.
79 | Zulehner, Paul M.: Kirchenvisionen, Ostfildern ³2013, 94.

Gefordert sind auch die Ordinierten. Allen voran wird Bischöfen bei ihrer Ordination das Evangelium aufs Haupt gelegt, damit sie von Amts wegen die anvertraute Gemeinschaft in der Spur des Evangeliums halten. In zukunftsfähigen Gemeinschaften des Evangeliums werden es aber nicht nur die Amtsträger allein sein. Letztlich werden alle – als vom Heiligen Geist Gesalbte – so sehr mit dem Evangelium vertraut sein, dass sie niemand mehr lehren muss:

„Der Beistand aber, der Heilige Geist, den der Vater in meinem Namen senden wird, der wird euch alles lehren und euch an alles erinnern, was ich euch gesagt habe." (Joh 14,26)

„Für euch aber gilt: Die Salbung, die ihr von ihm empfangen habt, bleibt in euch und ihr braucht euch von niemandem belehren zu lassen. Alles, was seine Salbung euch lehrt, ist wahr und keine Lüge. Bleibt in ihm, wie es euch seine Salbung gelehrt hat." (1 Joh 2,27)

Gläubige Netzwerke

Für die Zukunftsfähigkeit der christlichen Gemeinschaften braucht es also Personen, welche die Vision Jesu gut kennen und entschlossen sind, sich seiner Bewegung auch im praktischen Leben anzuschließen. Es kommt jedoch noch ein weiteres Element dazu. Wer in die Jesusbewegung eintritt, findet sich inmitten einer Gemeinschaft vor. Die Vision Jesu schafft gläubige Netzwerke. Diese sind das nächste grundlegende Merkmal einer zukunftsfähigen Kirche.

Gläubige Netzwerke sind wie „Glutkerne", die das Leben der Kirche tragen.

Die tragende Bedeutung solcher Glutkerne („Kerngemeinden") wird in vielen Diskussionen um die künftige Kirchengestalt oftmals übersehen. „Andersorte"[80], „Heterotope", Dienstleistungen, Vernetzungen werden zu Recht diskutiert.[81] Doch dies alles braucht Menschen, die das auch machen. Und meistens kommen solche Personen aus Gemeinden und Gemeinschaften, die sie tragen und nähren.

Dass Jesusnachfolge immer gemeinschaftlich ist, hat einerseits einen pastoraltheologischen Grund, mit dem andererseits eine kulturelle (pastoralsoziologische) Nützlichkeit einhergeht.

Gottverwandte Söhne und Töchter Gottes

Das ist der gläubige, pastoraltheologisch bedachte erste Grund: Die Feier der Aufnahme eines Menschen in die Jesusbewegung geschieht in der Taufe. In ihr wird offenkundig und in der versammelten Gemeinde gefeiert, was jeder Mensch seit seiner Erschaffung ist: ein „Kind Gottes". Und dies in einer Gemeinschaft von Getauften, denen diese Wahrheit einleuchtet und die ihr Leben aus ihr gestalten.

80 | Ein Musterbeispiel für einen „Andersort" ist: „Pater Angel hilft – Reiche zahlen, Arme essen umsonst. – Die Idee ist einfach und bestechend: Warum sollen Menschen, die sich ein teures Essen leisten können, nicht ihren Beitrag leisten, damit auch Bedürftige in den Genuss einer Mahlzeit kommen? Genau das hat man sich vor wenigen Monaten auch im Robin-Hood-Restaurant in Madrid gedacht, wo betuchte Mittagsgäste ein bisschen mehr zahlen, damit Obdachlose – und das kostenlos - zu Abend essen können. Sie müssen dabei nicht in einer langen Schlange bei der Essensausgabe stehen, sondern werden von Kellnern wie zahlende Gäste behandelt. ‚Den Armen und Bedürftigen ihre Würde zurückzugeben' – diesen Grundsatz verfolgt Pater Angel, ein 79-jähriger Priester, der seit vielen Jahren mit ungewöhnlichen Initiativen – wie eben auch dem Robin-Hood-Restaurant – auffällt." – Gestaltung: Josef Manola. (Ö1 2.4.2017, Erfüllte Zeit) http://oe1.orf.at/programm/462396 (2.4.2017).
81 | Pohl-Patalong, Uta: Von der Ortskirche zu kirchlichen Orten, Göttingen 2004.

Wer getauft wird, findet sich somit immer inmitten einer Gemeinschaft vor. Ihre Mitglieder sind nicht blutsverwandt, sondern als „Kinder Gottes" gottverwandt, weil sie „aus Gott geboren" sind (Joh 1,13). Das macht sie zu Mitgliedern der „Familie Gottes", des Volkes Gottes. Untereinander sind sie Geschwister: Als Töchter und Söhne Gottes sind sie einander Schwestern und Brüder. „Brüderlichkeit", präziser „Geschwisterlichkeit" prägt daher die „Organisationskultur" dieser Gemeinschaft.

In diesem Volk Gottes gibt es nicht nur intakte Familien, sondern auch Alleinlebende, Menschen, deren Ehe aus einem Gemenge von Schuld und Tragik zu Ende gegangen ist, oder solche, die nicht heiraten wollten, die keinen passenden Ehepartner gefunden haben, auch gleichgeschlechtlich Liebende. Es ist eine Gemeinschaft, in der sich jede und jeder unter den Augen Gottes sehen lassen kann, vor jeder Leistung und in aller Schuld.

„Auf Grund der Wiedergeburt in Jesus Christus herrscht eine wahrhafte Gleichheit an Würde und Berufung." (Lumen gentium 32; CIC can 208)

Lebenskultur in Kirchengemeinden
Eine solche christliche Gemeinschaft hat ihre eigene Lebenskultur. Typisch für diese ist neben der soeben skizzierten Verbundenheit und Gleichheit eine tiefe Verbindlichkeit. Jede und jeder fühlt sich für das Leben und Wirken der Gemeinschaft verantwortlich. Getaufte wissen, dass ihre Gemeinschaft nicht fähig ist, am sonntäglichen „Herrentag" würdig den Gottesdienst zu feiern, wenn sie nicht hingehen und mitfeiern. Sie sind daher in der Karwoche schon am Gründonnerstag aus dem Osterurlaub zurück.

Charakteristisch für die gemeindliche Kultur sind sodann Beteiligung, Partizipation, Synodalität. Dieser Grundzug im Leben christlicher Gemeinschaften ist wechselseitig. Auf der einen Seite sind die Mitglieder bereit, sich zu informieren, zu interessieren, ehrenamtlich mitzuwirken, auf die Leitung ohne blinde Unterwürfigkeit hinzuhorchen. Andererseits respektieren jene, denen eine Leitungsaufgabe übertragen ist, das Recht auf eine nachhaltige Beteiligung möglichst aller. Ein alter Grundsatz lautet daher: „Was aber alle als Einzelne betrifft, muss von allen gebilligt werden." (CIC can 119, §3)

Amtskultur
Dieses Recht auf Beteiligung formt die Amtskultur. Die biblischen Leit(ungs)bilder stehen jeglichem Klerikalismus diametral entgegen. Leitung ist vielmehr eine Dienstleistung der Lebendigkeit der Organisation, also der christlichen Gemeinschaften (Mk 9,35). Leitbilder sind:
- der Hirte (Ez 34,2–6.11.15f.20–22; Joh 10,10),
- der Ober an den Tischen (Lk 22,27),
- der Galeerensklave (Phil 2,6–11; auch Mk 10,40),
- der Fußwascher (Joh 13,12–17).

Ordinierte Amtsträger sind haftbar gemacht, dass die anvertraute Gemeinschaft in der Spur des Evangeliums bleibt und die Gemeinschaften des Evangeliums miteinander verbunden sind. Aber aus der Ordination der einen folgt keine Subordination der anderen.

Christsein in der „kognitiven Minderheit"

Neben dem pastoraltheologischen Grund, dass sich gläubig gewordene Menschen als Gottverwandte in einer gläubigen

Gemeinschaft wiederfinden, gibt es auch noch einen „nützlichen" Grund, der für eine Vernetzung mit Gleichgesinnten spricht. Dieser hat mit der christlichen Existenz in einer postchristlichen, weltanschaulich pluralistischen Ära zu tun.

In einer Zeit, in der Christsein Schicksal war, war der Einzelne von einer eher homogenen Gemeinschaft getragen. Er lebte als Christ gleichsam im gesellschaftlichen und kulturellen Aufwind.

Heute ist Christsein nicht mehr Schicksal, sondern Wahl. Und das inmitten einer nicht mehr christlich geformten Kultur. Das macht den Christen zu dem, was die wissenssoziologische Forschung eine „kognitive Minderheit" nennt.

Studien weisen darauf hin, dass es in dieser Situation leichter ist, seine minoritäre, vom Mainstream abweichende Lebensweise „konsequent" (also buchstäblich nachfolgend) durchzuhalten, wenn man diese mit anderen zusammen lebt. Die Gemeinschaft reduziert den kognitiven Druck, der auf Minderheiten lastet. So gilt: Die Kirche und ihre Gemeinschaften erleichtern es in einer pluralistischen Gesellschaft, konsequent Christin, Christ zu sein.

Pastoralkultur von Papst Franziskus

Ein wesentliches Moment an der Vision einer zukunftsfähigen Kirche ist die der Kirche in der Nachfolge Jesu zugemutete „Pastoralkultur". Mit einer solchen versucht Papst Franziskus in der katholischen Kirche mit flexibler Hartnäckigkeit zu inspirieren. Dabei vollzieht er im eigenen pastoralen Handeln eine Reihe weitreichender Akzentverschiebungen, die er aber allen in der Kirche zutraut und zumutet.

Vom Moralisieren zum Heilen

Die wichtigste Akzentverschiebung ist die Verlagerung vom Moralisieren zum Heilen.

In der Konstantinischen Ära war zumindest in der westkirchlichen Tradition der Pastoral spätestens in der Aufklärung die mystische Tiefe abhandengekommen. Übrig geblieben war von der Religion lediglich das, was für die Herrschenden in der Gesellschaft nützlich war. Und dies waren der Gehorsam der Menschen gegenüber den Fürsten, das Zahlen der Steuern, die Sorge um die Armen sowie die Bereitschaft, Soldat zu werden und in den Krieg zu ziehen. Die durchaus fromme Kaiserin Maria Theresia, der ihren eigenen Worten nach „die Beförderung der Ehre Gottes" am Herzen lag, errichtete aus diesem Grund 1774 den weltältesten Lehrstuhl für Pastoraltheologie an der Universität Wien mit dem Ziel, taugliche Religionsdiener auszubilden, also die Priester vor allem in ihre gesellschaftsnützlichen Aufgaben einzuführen.

Inzwischen hat die Kirche auch ihr moralisches Gewicht eingebüßt. Das begann bereits in der Aufklärung, in welcher die Kirche hinsichtlich dieser Aufgabe philosophische Konkurrenz erhielt. Das Versagen der christlichen Konfessionen im blutigen Religionskrieg hat zum moralischen Bedeutungsverlust der Kirchen ebenso nachhaltig beigetragen wie in unserer Zeit der katholische Klerus durch sexuellen Missbrauch seelsorglich Anvertrauter. All das führte zum Verfall der moralischen Autorität der Kirche.

In der neu begründeten wissenschaftlichen Pastoraltheologie setzte alsbald eine Entwicklung ein, sich von den staatlichen Erwartungen ebenso wie von der Aufklärung abzusetzen und sich wieder stärker an den biblischen

Gründungsurkunden zu orientieren. Für diese Reform der Pastoral stand insbesondere Johann Michael Sailer, der 1882 Bischof in Regensburg geworden war. Er stellte für das pastorale Tun Jesus als den wahren guten Hirten in den Mittelpunkt. Die Akzentverschiebung vom Moralisieren zum Heilen wurde so in Gang gebracht. Eine neue Pastoralkultur wurde entworfen, und dies immer mit dem Ziel, die therapeutische Dimension des Evangeliums wiederzugewinnen. Die Reihe der für diese Entwicklung wichtigen Autoren ist beeindruckend lang und reicht vom Protestanten Søren Kierkegaard[82] über Eugen Drewermann[83], Eugen Biser[84] und Papst Benedikt XVI.[85] bis hin zu Papst Franziskus[86]. Die christlichen Kirchen sind also dabei, in der Nachfolge des Heilands „Heil-Land"[87] zu werden.

82| Kierkegaard, Søren: Der Begriff Angst, Hamburg 1984. – Zu Kierkegaards Ansatz: Die Angst des modernen Menschen, Zürich 1977. – Künzli, Arnold: Die Angst des modernen Menschen. Søren Kierkegaards Angstexistenz als Spiegel der geistigen Krise unserer Zeit, Zürich 1947. – Ders.: Die Angst als abendländische Krankheit. Dargestellt am Leben und Denken Søren Kierkegaards, Zürich 1948.

83| Drewermann, Eugen: Wendepunkte oder Was eigentlich besagt das Christentum? Ostfildern 2014.

84| Biser, Eugen: Theologie als Therapie. Zur Wiedergewinnung einer verlorenen Dimension, Heidelberg 1985. – Ders.: Die glaubensgeschichtliche Wende. Eine theologische Positionsbestimmung, Graz 1986. – Ders.: Überwindung der Lebensangst. Wege zu einem befreienden Gottesbild, München 1996.

85| Eugen Biser ist der einzige Theologe, den Benedikt XVI. in seinem Interviewbuch „Salz der Erde" zitiert. Benedikt XVI./Seewald, Peter: Salz der Erde, München 1996.

86| Franziskus: Evangelii gaudium, Rom 2013. – Spadaro, Antonio/Batlogg, Andreas R.: Das Interview mit Papst Franziskus, Freiburg im Br.-Wien 2013. – Franziskus: Amoris laetitia, Rom 2016.

87| Beranek, Markus: Gemeinde als Heil-Land, Wien 2002.

Von der Gerechtigkeit zum Erbarmen

In dieselbe Richtung weist die Akzentverschiebung von der Gerechtigkeit zum Erbarmen/zur Barmherzigkeit.

Mit dieser Akzentverlagerung wird nicht die in der Bibel hoch bewertete Gerechtigkeit abgewertet. Vielmehr soll das Erbarmen die Gerechtigkeit davor bewahren, auf die Spitze getrieben, in Unrecht zu kippen.

Erbarmen gilt als die Grundmelodie aller großen Religionen der Welt. Der Dalai-Lama erinnert an den Buddha des Erbarmens. Im Koran beginnt jede Sure (eine ausgenommen) mit der Anrufung Allahs des Allerbarmers. Im Jüdischen heißt Erbarmen rachamim; dieser Ausdruck hat den Wortstamm rechem, was Mutterschoß bedeutet. Demnach ist das Innerste Jahwes das Erbarmen. Und es ist nicht zuletzt Jesus, der in seinem Gleichnis vom Erbarmen des Vaters mit seinen zwei verlorenen Söhnen die gesetzestreuen, aber erbarmungslosen Schriftgelehrten und Pharisäer daran erinnern will, dass Gottes Ziel Auferstehung ist. Deshalb kann der Vater im Gleichnis, wegen des Festmahls für den heimgekehrten Sohn zur Rede gestellt, sagen: Soll ich mich nicht freuen? Er war tot und ist wiedererstanden – im Griechischen steht hier das Wort für auferstanden (anéste).

Vom Gesetz zum Gesicht

Verwandt mit der Verlagerung von der Gerechtigkeit zum Erbarmen/zur Barmherzigkeit ist die Akzentverschiebung vom Gesetz zum Gesicht[88].

88 | Zulehner, Paul M.: Vom Gesetz zum Gesicht. Ein neuer Ton in der Kirche: Papst Franziskus zu Ehe und Familie: Amoris laetitia, Ostfildern 2016.

Im Apostolischen Schreiben Amoris laetitia zu Fragen der Ehe- und Familienpastoral von Papst Franziskus kann dies gut nachverfolgt werden. Der Papst insistiert, jeden Einzelfall zu sehen und mit diesen Einzelnen den Weg der Heilung und der Integration ins volle kirchliche Leben zu suchen und zu gehen. Strafen und ausschließen („exkommunizieren") sind ihm fremd. Das Gesetz kann bei der Heilung und Wiedereingliederung hilfreich sein, ersetzt aber nicht die Einsicht, dass das Leben immer nur eine graduelle Erfüllung des Ideals des Gesetzes darstellt.

Die traditionelle (Ehe- und Familien-)Pastoral hat hingegen ihren Ausgang beim Gesetz genommen und dieses auf alle Menschen gleichermaßen angewendet.[89] Geschiedene, die gegen den erklärten Willen der Kirche wieder geheiratet haben, leben nach der Ansicht jener, die vom Gesetz ausgehen, deshalb immer so lange im Zustand einer objektiven Sünde, bis sie den neuen Partner entweder verlassen haben oder zumindest auf jene Akte verzichten, die Eheleuten vorbehalten sind.

Wer hingegen vom Einzelfall, also vom einmaligen Gesicht, der je individuellen Lebensgeschichte, ausgeht, wird danach trachten, dass der Einzelne in seiner letzten Freiheit vor Gott steht. Diese Pastoralkultur appelliert an das Gewissen dieses konkreten Menschen, das die Kirche gewiss formen, aber nie ersetzen kann. Der Einzelne muss zu einer Beurteilung seiner Lage kommen, um auf dieser Basis wieder den Weg in die volle Kommuniongemeinschaft mit der Kirche zu finden. Dabei kann die Kirche die je Einzelnen durch erfahrene Seelsorgskräfte begleiten. Eine solche Begleitung werden jene willig annehmen, denen aus Erfahrung klar ist,

---

89 | So Johannes Paul II., der Moraltheologe im Papstamt, in seinem Apostolischen Schreiben Familiaris consortio aus dem Jahre 1981.

dass Macht und Interessen die Erkenntnis des Menschen trüben können.

Vom Ideologen zum Hirten

> *Eine solche Pastoralkultur ist die der Hirten,*
> *nicht der Ideologen.*

Ideologen wenden Lehre und Gesetz auf Einzelfälle an; Hirten lassen keinen Menschen im Namen Gottes für immer am Boden liegen, sondern suchen mit den Einzelnen eine verantwortbare Einzelfalllösung.

Vom Gerichtssaal zum Hospiz

> *Die Kirche wird daher die Menschen nicht mehr in einen Gerichtssaal, sondern in ein Hospiz, ein Feldlazarett führen.*

Ziel ist es nämlich nicht, den Menschen zu beurteilen oder zu verurteilen. Die Aussage des Papstes auf dem Heimflug vom Weltjugendtag in Rio de Janeiro: „Wer bin ich schon, dass ich richte?", kann als einer der Leitsätze für die neue Pastoralkultur gelten.

> *Die Sorge der Kirche ist somit weniger auf die Sünden der Menschen gerichtet, vielmehr auf deren Wunden.*

Deshalb wird es das erste Bemühen der Kirche sein, Wunden zu heilen. Dazu erweist sie sich inmitten einer zerrissenen Menschheit wie ein Feldlazarett, ein Hospital.

Dieselbe Grundfärbung wünscht sich Papst Franziskus auch für das Bußsakrament. Ganz im Sinn der griechischen

Kirchenväter dient es der Heilung verwundeter Menschen und ist für ihn deshalb alles andere als eine moralische Folterkammer.

Die Erneuerung der pastoralen Kultur in diesem Sinne ist eines der wichtigsten Momente bei der Suche nach der Zukunftsfähigkeit christlicher Gemeinschaften. Sie ist gleichsam das mundende Aroma des jungen Weins.

Neue Schläuche

Das waren bisher unsere Erwägungen:

- Wahrgenommen wurde der Wandel der Ära und in dessen Gefolge die Zumutung an die christlichen Kirchen, ihre Gestalt „umzubauen, nicht totzusparen"[90].
- Aufgedeckt wurde, wie (katholische) Kirchengebiete auf die Herausforderung des zugemuteten Kirchenumbaus „antworten": mit ausländischen Priestern, mit der Vergrößerung der pastoralen Räume parallel zur Verkleinerung der Zahl verfügbarer Priester.
- Betont wurde, dass es vor dem Nachsinnen über die künftige Gestalt um orientierende und motivierende Visionen für die Kirchen und ihre gläubigen Gemeinschaften geht. Erst wenn es jungen Wein gibt, kann man *angemessene* neue Schläuche schaffen.

Das ist nunmehr ansatzhaft geschehen. Wir haben nicht zuletzt über den „jungen Wein" meditiert, der den Geschmack zukunftsfähiger Pfarrgemeinden/gläubiger Gemeinschaften ausmachen wird. Darauf gestützt können wir erneut zur Frage nach den „neuen Schläuchen", also den der zukunftsfähigen Vision angemessenen Strukturen zurückkehren. Diese sind ja nicht belanglos. Die Suche nach zukunftstauglichen Strukturen ist aber der Suche nach Visionen stets zu-, ja nachzuordnen.

---

90 | Zulehner, Paul M.: Kirche umbauen, nicht totsparen, Ostfildern 2004; Topos-Taschenbuch 2009.

Zu spät?

Dazu werden im Folgenden einige Anregungen vorgetragen. Sie unterscheiden sich von manchen bisher eingeleiteten und in vielen Kirchengebieten bereits weit vorangetriebenen Strukturreformen hauptsächlich in ihrem Ansatz.

Diese Überlegungen nehmen ihren Ausgangspunkt nicht beim Mangel an Priestern, Finanzen oder Gläubigen, sondern gehen von zukunftsfähigen gläubigen Netzwerken aus: vorhandenen oder neu gebildeten. In welchem Rahmen sollen diese künftig ihr Leben und Wirken gestalten? In welchen Strukturen kann eine zukunftsfähige Pastoral optimal gestaltet werden? Welche pastoralen Räume braucht es dazu?

Kommen diese Überlegungen nicht zu spät, mag man einwenden. Sind die Strukturreformen zumeist nicht schon „abgeschlossen", ist der Sack nicht zugemacht? Wozu dann Alternativen?

Aber vielleicht sind Strukturreformen nie abgeschlossen. Was geschieht zum Beispiel mit Strukturreformen, die im herkömmlichen Rahmen entwickelt worden sind, um den überkommenen Kirchenbetrieb aufrechtzuerhalten, wenn es – vielleicht schon bald unter Papst Franziskus – zu einer tief greifenden Reform des Rahmens kommt? Was, wenn der angenommene Rückgang der verfügbaren Priester nicht eintritt, weil die Zugangsbedingungen zur Ordination verändert wurden? Was, wenn eine missionarische Offensive die Prognosen Lügen straft?

Zudem sind unter den Verantwortlichen unter einer Schicht auffällig stark beschworener Zufriedenheit Zweifel vorhanden.

So werden derzeit Umfragen an Priestern präsentiert, welche zwar einen Hang im Seelsorgsklerus zu Alkohol, Unsportlichkeit und Fettleibigkeit beklagen, aber sonst eine durchaus passable Lebenszufriedenheit bescheinigen. Aber auch solche Umfragen bewegen sich im traditionellen Rahmen. Denn es wäre vorrangig wichtig, nicht die Priester, sondern die Kirchenmitglieder in ihren gläubigen Gemeinschaften zu befragen. Was nützen zufriedene Kleriker, wenn die (manchmal sogar lebendigen) Gemeinden zu Tode strukturiert werden? Zudem arbeiten die Priester in den neuen Strukturen längst noch nicht lange genug, um die Auswirkung der Strukturreformen auf das Leben und Wirken der Seelsorger wirklich auszuloten. Es müsste vor allem gefragt werden, was es für Priester bedeutet, die sich für das Priesteramt entschieden haben, um Seelsorger zu werden, und die dazu auch eine gediegene Ausbildung erhielten, nunmehr aber Chefs von mittleren Pastoralunternehmen sind.[91] Es wird tendenziell verschwiegen, dass sich in manchen neu strukturierten Diözesen nicht genug geeignete Vorsteher für die neuen pastoralen Großbetriebe finden. Zudem wird übersehen, dass nicht wenige Priester heute zum erstmöglichen Zeitpunkt in die Pension gehen und dass manche – auch um menschlich zu überleben – sich in eine kleine partnerschaftliche Fluchtwelt zurückziehen.[92]

Es ist ein theologisch zweifelhafter Trost, wenn in Studienergebnissen zu lesen ist, dass spirituelle Personen den aufgebauten Stress leichter meistern.

91 | Zulehner, Paul M.: Priester im Modernisierungsstress. Ostfildern 2001. – Zulehner Paul M./Hennersperger, Anna: „Sie gehen und werden nicht matt" (Jes 40,31), Ostfildern 2001.
92 | Zulehner, Paul M.: Wie geht's Herr Pfarrer? Wien 2010. – Zulehner, Paul M.: Aufruf zum Ungehorsam, Ostfildern 2012.

Das macht Spiritualität zu einer Art Opiat für unerträgliche Verhältnisse. Wirklich spirituell wäre ein Engagement gegen solche überlastende Strukturen statt ein erduldendes Überleben in fragwürdigen Strukturen mit spiritueller Hilfe. Es ist allein schon fragwürdig, dass gerade jene Diözesen, welche besonders radikale Strukturreformen forciert haben, solche Priesterstudien in Auftrag geben. Damit wird nicht solchen Studien und schon gar nicht denen, die sie verantwortlich durchführen und viel Wissen in sie investieren, die Ernsthaftigkeit abgesprochen. Doch bleibt bei aller Redlichkeit der Studienautoren die Frage offen, wem in dieser Situation diese Studien nützen. Interessen können Erkenntnisse durchaus „verschatten" (so Benedikt XVI.).

Wie auch immer: Für Kurskorrekturen ist es nie zu spät, auch wenn eine verspätete Einsicht schmerzen kann.

Was werden etwa die „fertigen" Diözesen tun, wenn unter Papst Franziskus in der übernächsten Weltbischofssynode die Zugangsbedingungen zur Ordination verändert werden oder wenn aus den Gemeinden „gemeindeerfahrene Personen" gewählt, ausgebildet und in ein lokales ehrenamtliches „Team of Elders" ordiniert werden (so der emeritierte Bischof Fritz Lobinger von North-Aliwal in Südafrika)?[93] Was, wenn sich gläubige (Filial-)Gemeinden entfalten und nach einer „Parochialisierung", also Erhebung zu einer voll ausgestatteten Pfarrei verlangen?[94]

---

93 | In einer Privataudienz mit dem em. Bischof Erwin Kräutler sympathisierte Papst Franziskus mit dem Vorschlag von Bischof Lobinger: Kräutler, Erwin/Bruckmoser, Josef: Habt Mut! Jetzt die Welt und die Kirche verändern, Innsbruck ²2016, 90.
94 | In der Wiener Studie 2012 haben 78% der Befragten der vorgelegten Aussage zugestimmt: „Eine Filialgemeinde, in der die Anzahl der Ehrenamt-

Was, wenn theologisch kundige gläubige Christinnen und Christen sich an den Kirchenlehrer Tertullian erinnern, der verbürgt von der in Karthago um 209 selbstverständlichen Praxis berichtet, dass für den Fall, dass die kirchliche Autorität keinen Ordinierten zugewiesen hat, sie eine Person aus ihrer Mitte für das „offerre et tinquere" – also die sakramentalen Hauptfeiern Eucharistie und Taufe – nehmen, die dann priesterlich handelt, ohne dadurch ordinierter Priester zu werden?[95]

Und nicht zuletzt: Was wird geschehen können, wenn Ortsbischöfe – von Franziskus dazu ermutigt – eben solche

lichen und Kirchgänger spürbar wächst, soll wieder eine eigenständige Pfarre werden können." In Strukturreformplänen ist davon nicht die Rede. Man traut Gemeinden kein Wachstum zu, obgleich von missionarischer Chance viel die Rede ist.

95 | „Nonne et laici sacerdotes sumus? scriptum est: regnum quoque nos et sacerdotes deo et patri suo fecit. differentiam inter ordinem et plebem constituit ecclesiae auctoritas et honor per ordinis consessum sanctificatus a deo. ubi ecclesiastici ordinis non est consessus, et offers et tinguis et sacerdos es tibi solus; scilicet ubi tres, ecclesia est, licet laici." (Sind nicht auch wir Laien Priester? Es steht geschrieben: ‚Er hat uns zu Königen gemacht und zu Priestern für Gott und seinen Vater.' Den Unterschied zwischen Priesterstand und Laien hat die Autorität der Kirche festgesetzt und die von Gott geheiligte Rangstellung im Kreise der Kleriker. Wo kein kirchlicher Stand eingerichtet ist, da bringst du das heilige Opfer dar und spendest die Taufe und bist für dich allein Priester; selbstverständlich ist da eine Kirche, wo drei beisammen sind, mögen sie auch Laien sein.) Tertullian: De exhortatione castitatis, 7.3. – Literatur dazu: Legrand, Hervé M.: The Presidency of the Eucharist According to the Ancient Tradition, in: Worship 53 (1979) 413–438. – Faivre, Alexandre: Les laics aux origines de l'Église, Paris 1984. – Beneden, Pierre van: Haben Laien ohne Ordinierte die Eucharistie gefeiert? Zu Tertullians „De exhortatione castitatis" 7,3, in: ALW 29 (1987) 31–46. – „De exhortatione castitatis", anders als im LThK [Freiburg 8 (1964),1371] eingereiht [Altaner, Berthold/Stuiber, Alfred: Patrologie, Freiburg [8]1978, 158], stammt aus der vormontanistischen Zeit. – Darüber berichtet neben Tertullian auch der Kirchengeschichtsschreiber Theodoret von Cyrus (393 bis vermutlich 466): Kirchengeschichte 1,23,5.

„personae probatae" zu Priestern weihen, wie das ein mexikanischer Bischof in enger Absprache mit den Verantwortlichen in der Diözese bereits getan haben soll[96], ohne auf weltkirchliche Erlaubnisse für die Ausübung seines Bischofsamtes zu warten?

Räume des christlichen Lebensvollzugs

In unsere Überlegungen gilt es einen weiteren Aspekt einzubeziehen. Tief greifend verändert hat sich ja die Beziehung der Menschen moderner Kulturen zu den Institutionen, damit auch zur eigenen kirchlichen Gemeinschaft. Die Religionsfreiheit, also die freie Wahl der Religion, aber auch der Beteiligung ist Kirchenmitgliedern in freiheitlichen Gesellschaften verbrieft.

Zudem erleben sich immer mehr Kirchenmitglieder nicht mehr fix der eigenen Ortspfarrei zugeordnet. Sie wählen also nicht nur Glaubensinhalte und Formen des Commitments aus, sondern auch die Orte, an denen sie ihr christliches Leben räumlich ansiedeln. Das muss und wird auch

96 | Das berichten die Autoren der Initiative pro concilio: „Papst Franziskus hat in einer Privataudienz am 4. April 2014 für Bischof Erwin Kräutler, den damaligen Leiter der Prälatur Xingu im Amazonasgebiet, nach dessen Schilderung der pastoralen Situation der indigenen Völker in Amazonien an das Beispiel eines mexikanischen Bischofs erinnert, der den Priestermangel in seiner Diözese dadurch linderte, dass er 300 verheiratete Gemeindeleiter zu Diakonen geweiht hat. Der Papst erklärte ebenso, er werde die Zugangswege zum Priesteramt nicht in eigener Regie ändern, sondern erwarte *mutige Vorschläge von den Bischofskonferenzen, die eine Änderung für ihr Gebiet herbeiführen wollen*". Erwin Kräutler, em. Bischof von Xingu in Nordbrasilien, berichtet über das mit dem Papst geführte Gespräch ausführlich in dem zitierten Buch „Habt Mut" (Innsbruck ²2016, 90); vgl. dazu auch das Interview mit Bischof Kräutler, veröffentlicht in: Katholisches Sonntagsblatt, Ausgabe 10/2016; darin appelliert er insbesondere an die Verantwortung der Bischofskonferenzen.

nicht nur ein einziger Ort sein, sondern es gibt so etwas wie eine räumliche Vielfalt im Leben eines einzelnen Menschen.

Diese Zuordnung zum Raum war in den christentümlichen Zeiten der Kirche in Europa durch den Pfarrbann vorbestimmt und damit ernötigt worden. Die hohe Stabilität eines Großteils der Menschen machte das auch leicht möglich. Zudem diente diese Zuordnung in nachreformatorischen Zeiten der Kontrolle der Menschen. Die Sakramente mussten in der eigenen Pfarrei empfangen werden, und zwar sowohl die Trauung (seit dem Konzil in Trient in der Pfarrei der Braut) sowie die österliche Beichte und Kommunion. Beichtzettel wurden ausgestellt, die nach einem strengen Gesetz Kaiser Ferdinands I. über „Oesterliche Beicht und Communion von Jedermann zu verrichten" den Hausherrn zuzustellen waren.[97]

Heute sind die Menschen frei zu wählen, auch den Ort ihrer kirchlichen Praxis. Ein beträchtlicher Teil verhält sich auch wählerisch.[98] Sie suchen sich jenen Sonntagsgottesdienst, bei dem ihnen die Gestaltung der Liturgie und vor allem die Predigt zusagt.[99] Auch Taufen und Trauungen finden immer mehr in Wunschkirchen statt (wogegen manche Ortspfarrer wegen der zusätzlichen administrativen Arbeit protestieren).

---

97 | Riegger, Paul J.: Corpus Iuris Ecclesiastici, Bohemici et Austriaci, Wien 1770, 230.

98 | Heute kann man wirklich nicht von einem „Wohn-Territorialismus" reden. Ebertz, Michael N.: Wider den Wohn-Territorialismus. Replik auf „Plädoyer für die Verörtlichung des Glaubens", in: Lebendige Seelsorge 55 (2004) 16f. – Damit ist die Frage noch völlig offen, ob und warum sich Menschen in ihrer Wahlfreiheit selbst „verörtlichen". Dazu später mehr im Kapitel über Beheimatung.

99 | Zulehner, Paul M.: Gottvoll und erlebnisstark. Für eine neue Kultur und Qualität unserer Gottesdienste, Ostfildern 2004.

War also der Raum, in dem sich das religiöse Leben der Menschen ereignete, früher sehr begrenzt und vordefiniert, ist er nunmehr variabel geworden.

Das führt zu einer bunten Typologie von Menschen: Neben stabilen gibt es mehr oder minder mobile Kirchenmitglieder, neben fest gebundenen wählerische – oder was eben noch häufiger vorkommt:

> *Zeitgenössische Kirchenmitglieder suchen zugleich die Stabilität und lieben die Mobilität. Sie leben ihr christliches Leben und auch ihr Commitment in der Kirche zugleich klein- wie großräumig.*

Die Onlinestudie von 2016 bietet zu dieser Frage gute Anhaltspunkte. Dort war die Frage gestellt worden:

Geben Sie bitte an, in welchem pastoralen Raum Ihr eigenes kirchliches Leben stattfindet. Sie können dies für jeden der fünf „Räume" angeben. „In diesem pastoralen Raum bewege ich mich..." Antwortmöglichkeiten waren: 1 = sehr häufig 2 = häufig 3 = manchmal 4 = ganz selten 5 = so gut wie nie.

Diese Antwort konnte jeweils für folgende Räume gegeben werden:
- lokal: Pfarre/Pfarrei, Filialgemeinde
- regional: Pfarrverband
- regional: Seelsorgsraum, Entwicklungsraum
- regional: Vikariat, Region
- diözesan und weiter (weltkirchlich)

Mithilfe der vielen Antworten lassen sich drei Typen abgrenzen:

Abbildung 3: Raumreichweiten der Befragten

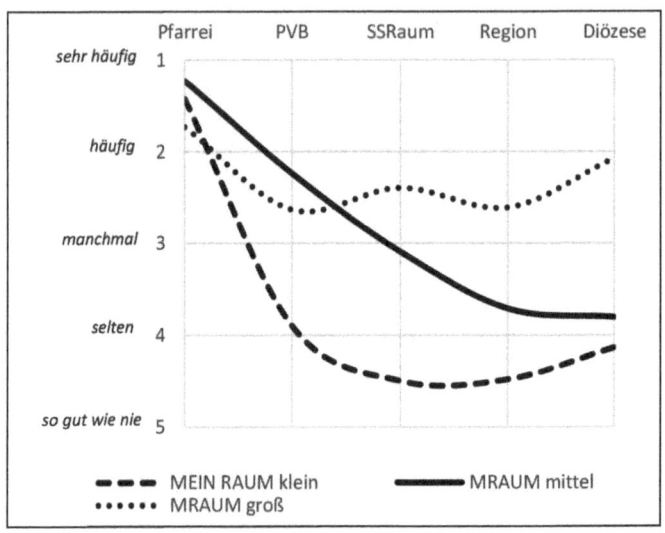

Allen drei Typen ist gemeinsam, dass sie ihren gläubigen Lebensschwerpunkt in einer lokalen Gemeinde, einer Pfarrei, haben. Dann aber unterscheiden sich die drei Gruppen beträchtlich nach der „Reichweite" ihres „Glaubenslebensraums":

- Bei einem ersten Typ (in der Befragung gehören ihm 21% an) fokussiert sich das kirchliche Leben fast ausschließlich auf die Pfarrei.
- Der zweite Typ (mit 59% die große Mehrheit) lebt zwar auch primär pfarrlich, nimmt aber häufig an pastoralen Vorgängen im Pfarrverband oder Seelsorgsraum teil.
- Der dritte Typ (20%) positioniert sich räumlich mit seinem gläubigen Leben noch weiter. Auch die Region und die Diözese spielen für ihn eine beachtliche Rolle.

Erwartbar ist, dass sich die verschiedenen Personengruppen in dieser Hinsicht merklich unterscheiden.

Tabelle 4: „Mein Raum" je nach Status in der Kirche

	klein	mittel	groß
ich arbeite ehrenamtlich mit	30%	53%	16%
„einfaches" Kirchenmitglied	26%	47%	28%
andere Seelsorgeberufe	13%	61%	26%
ich bin PastoralassistentIn	11%	50%	39%
ich bin Pfarrer mehrerer Pfarr(ei)en	8%	40%	52%
ich bin Diakon	7%	43%	50%
ich bin Pfarrer mit einer Pfarre(i)	5%	68%	26%
alle	*21%*	*59%*	*20%*

Onlineumfrage 2016

Als Faustregel gilt: Hauptamtliche sind in den Pfarreien hinsichtlich ihres eigenen kirchlichen Mitlebens deutlich weniger präsent als einfache und ehrenamtlich mitarbeitende Kirchenmitglieder. Ordnen sich vielleicht hinsichtlich der Teilnahme am gläubigen Leben die Hauptamtlichen vom pastoralen Handeln her zu, während es bei den Ehrenamtlichen und den einfachen Mitgliedern primär um eine Zuordnung zum gemeinschaftlichen Leben und Feiern geht? Hauptamtliche sind somit in ihrer Tendenz „Amtsträger für" und nicht „Christen mit". Das kann ihr Christsein in zwiespältiger Weise professionalisieren.

Allerdings ist der Anteil der Ehrenamtlichen/der Kirchenmitglieder im mittleren pastoralen Raum durchaus beachtlich: Die Hälfte ist offen für Vorgänge in diesem.

Tabelle 5: Verortung pastoraler Vorgänge

	lokal	regional	diözesan
ich arbeite ehrenamtlich mit	43%	42%	14%
„einfaches" Kirchenmitglied	32%	41%	28%
ich bin Diakon	29%	57%	14%
ich bin Pfarrer mit einer Pfarre(i)	26%	63%	11%
andere Seelsorgeberufe	26%	52%	22%
ich bin PastoralassistentIn	18%	54%	28%
ich bin Pfarrer mehrerer Pfarr(ei)en	16%	72%	12%
alle	*30%*	*52%*	*18%*

Quelle: Onlineumfrage 2016

Ein ähnliches Ergebnis erhält man, wenn man nach der Zuordnung von pastoralen Vorgängen zu den jeweiligen Räumen fragt.[100] Auch hier konnte eine brauchbare Typologie errechnet werden. Es gibt Personen, welche die vorgelegten Vorgänge primär lokal verorten (30%). Andere beziehen den regionalen Raum (Pfarrverband, Seelsorgsraum) mit ein (52%). Schließlich tendieren einige in den diözesanen Raum (18%).

Die gewöhnlichen Kirchenmitglieder sowie die ehrenamtlich Tätigen ordnen die pastoralen Vorgänge primär dem lokalen, überschaubaren kleinen Raum zu. Hauptamtliche tendieren zu größeren Räumen.

Das legt nahe, dass die Einrichtung von größeren pastoralen Räumen von Hauptamtlichen eher unterstützt wird denn von Ehrenamtlichen und einfachen Kirchenmitgliedern. Beide sind von der derzeitigen Erweiterung pastoraler Räume be-

---

100 | Von dieser Zuordnung wird alsbald weiter unten ausführlich berichtet werden.

troffen, dies aber in reichlich unterschiedlicher Weise. Die Kirchenmitglieder suchen eher das gemeinsame christliche Leben am Ort und sind zum Teil von diesem aus auch dazu bereit, sich im überschaubaren Raum zu engagieren. Sie bringen durchaus Verständnis auf, dass heute einzelne pastorale Vorgänge besser in größeren Räumen angesiedelt werden. Aber sie denken von der Pfarrei aus, während Hauptamtliche eher von ihrem Amt her agieren. Mag sein, dass bei Priestern die Abwehr von Überforderung eine Rolle spielt, die sich wegen des Priestermangels eingestellt hat. Dabei fällt aber auf, dass sich hauptamtliche Laien in ihrer Zuordnung von den Priestern kaum unterscheiden. Der Unterschied besteht nicht zwischen Priestern und Laien, sondern zwischen Christen, die gläubig leben, und solchen, die für den Glauben beruflich arbeiten. Die Logik von diözesanen Stellen bei der Zuordnung pastoraler Vorgänge scheint, so die Mehrheit der Befragten in der Wiener Studie, primär mit schrumpfenden Finanzen und verfügbarem Personal zu tun zu haben. Die gemeindlichen Bedürfnisse scheinen sekundär zu sein.

Bemerkenswert ist, dass das Alter, das Geschlecht oder die Schulbildung in diesen Belangen keinen Einfluss zu haben scheinen.

Nicht überrascht, dass Personen, deren personlicher kirchlicher Lebensraum[101] auf die Pfarrei fokussiert ist, auch tendenziell viele pastorale Vorgänge lokal ansiedeln. Jene, die ihren gläubigen Lebensraum über die Pfarrer auf einen Pfarrverband oder Seelsorgsraum ausgeweitet haben, beziehen diese auch großzügig in die Verortung der pastoralen Vorgänge ein.

---

101 | Lernen, wo die Menschen sind. Wege lebensraumorientierter Seelsorge, hg. v. Michael N. Ebertz, Mainz 2005.

Tabelle 6: „Mein Raum" und Verortung der pastoralen Vorgänge

	„Mein Raum"		
Zuord-	klein	mittel	groß
nung	lokal 41%	28%	26%
zum	regional 39%	58%	49%
Raum	diözesan 20%	14%	25%
	alle 21%	59%	20%

Quelle: Onlineumfrage 2016

Diese typologische Vielfalt in der räumlichen Einbindung religiöser Wünsche moderner Menschen wird bei Strukturreformen oftmals unterschätzt.[102] Sie werden vom theologischen Disput ebenso wie von Entlastungsanliegen überforderter Pfarrer übertönt.

In diesen Analysen zeichnen sich somit zwei fundamental verschiedene Zugänge zum Kirchenumbau ab.

- Der eine Zugang: Es braucht neue Strukturen als Antwort auf den Priestermangel; das wäre die priesterzentrierte bzw. mangelorientierte Lösung.
- Der zweite Zugang: Neue zukunftsfähige Strukturen sind von den Menschen in den Gemeinden zu entwerfen. Es ist auch zu berücksichtigen, wie diese die pastoralen Vorgänge verorten. Dies wäre eine gemeindlich-ekklesiale Lösung.

---

102 | Einen wertvollen Beitrag dazu lieferte der Humangeograf Hilpert, Markus zusammen mit Mahne-Bieder, Johannes: Die religiösen Aktionsräume verändern sich. Konsequenzen für die räumliche Organisation von Kirche im Spannungsfeld zwischen Privatisierung und Regionalisierung, in: Geht Kirche anders? Zum Innovations- und Veränderungspotenzial der klassischen Sozialformen, Pastoraltheologische Informationen 36 (2016), 165–175.

Das Ziel ist, eine in vielfältiger Hinsicht „raumgerechte Pastoral" zu entwerfen. Dabei ist eine Antwort auf die Frage zu finden, welche pastorale Vorgänge welchen pastoralen Raum benötigen. Bei der Beantwortung dieser Frage sind nicht nur die Interessen des hauptamtlichen Personals zu berücksichtigen, sondern vorrangig die Erfahrungen der Menschen, die in den Gemeinden leben oder ehrenamtlich wirken.

Reichweiten pastoraler Vorgänge (Beispiel Rhein-Mosel-Ahr)

Bei der Tagung mit Hauptamtlichen der Region Rhein-Mosel-Ahr bei Koblenz war ein empirischer Zugang gewählt worden. Eine gediegene Bestandsaufnahme der laufenden Pastoral wurde versucht. Dazu wurden, den Bestand aufnehmend, von den versammelten Hauptamtlichen zunächst jene pastoralen Vorgänge aufgelistet, die in der alltäglichen Seelsorge faktisch stattfinden.

Diese Liste wurde ergänzt durch solche Vorgänge, die gemacht werden sollten. Auf diese Weise wurden von den Teilnehmenden 70 Vorgänge genannt und gelangten so auf die Liste. Diese bildete die Grundlage für weitere Fragestellungen.

Hauptbereich

Schon die Reihung dieser vielfältigen Vorgänge nach deren Verbreitung erwies sich als überaus aufschlussreich. Ein pastoraler Kernbereich schälte sich heraus. In ihm sind jene Vorgänge angesiedelt, die nahezu in allen pastoralen Einheiten stattfinden (80–100%). Sie bilden gleichsam den Urbestand gegenwärtiger Seelsorge.[103]

Tabelle 7: Kernbereich der Seelsorge heute

	IST	SOLL
Eucharistiefeiern	96%	0%
Wortgottesdienst, Kreuzweg, Rosenkranz	91%	2%
Tauffeiern	89%	0%
Predigen	89%	4%
Kirchenchor	89%	2%
OrganistInnen	89%	2%
Erstkommunionvorbereitung	89%	0%
Bußfeiern, Beichte	89%	2%
Firmvorbereitung	88%	7%
Verwaltungsaufgaben	88%	0%
Trauungen	87%	0%
Begräbnisse	87%	0%
MinistrantInnenarbeit	84%	9%
Sakramentalien spenden	84%	2%
Frauengruppen, Frauenarbeit	84%	7%
KommunionhelferInnen	84%	2%
Kindergruppen – Kinderpastoral	82%	7%
Altenpastoral – Seniorengruppen	82%	7%
Krankenbesuche	82%	9%
MesnerInnendienst	80%	0%

Trier 2003

103| Werbick, Jürgen: Warum die Kirche vor Ort bleiben muss, Donauwörth 2002. – Bucher, Rainer/Krockauer, Rainer: Pastoral und Politik. Erkundungen eines unausweichlichen Auftrags, Wien u.a 2006. (Hier weitere Literatur zum Thema.)

Abbildung 4: Kernbereich

Trier 2003

Dieser Hauptbereich ist stark *liturgisch* gefärbt. An erster Stelle der Liste rangiert die Feier der Eucharistie. Dann folgen weitere liturgische Aktivitäten und was dazu an Diensten vonnöten ist: Wortgottesdienste, Kreuzweg, Predigt, dazu Chor, OrganistIn, MinistrantInnen, MesnerInnen, KommunionhelferInnen.

Eine zweite Gruppe verwandter Vorgänge, die so gut wie überall vorkommen, bilden die pastoralen Aktivitäten rund um die *Lebenswenden*: Taufe, Erstkommunion, Bußfeiern und Beichte, Firmvorbereitung, Trauungen, Begräbnisse, Krankenbesuche, Sakramentalien. Zu diesem Teil des Kernbereichs zählen auch die Kinder- und die Frauenpastoral.

Mittelbereich

Ein zweiter Bereich unter den genannten Aufgaben hat Werte zwischen 50–80%. Es handelt sich also gleichfalls um ziemlich weit verbreitete pastorale Vorgänge. Dazu zählen Vorgänge, welche auf die liturgische Feier der Lebenswenden vorbereiten, sodann Pfarrgemeinderat, Mitarbeiterbegleitung sowie diakonale Dienste. In diesem Bereich nehmen die

Tabelle 8: Mittelbereich

	IST	SOLL
Taufvorbereitung	78%	7%
Kindergärten	78%	4%
Pfarrgemeinderat, Verw.-Rat	76%	2%
Einzelgespräche über Glauben	73%	7%
Ehevorbereitung	73%	11%
Religionsunterricht	73%	7%
Begleitung v. ea. Mitarbeitenden	69%	8%
Wallfahrten	69%	4%
Besuchsdienste	67%	20%
Bibelkreis, Bibelseelsorge	67%	24%
Pfarrbüro	67%	0%
LektorInnen	67%	4%
Begleitung von ha. Mitarbeitern	64%	16%
Jugendgruppen – Jugendpastoral	64%	27%
ökumenische Arbeit	60%	16%
Sozialstationen	60%	4%
Schulen	58%	2%
Gottesdienstvorbereitungskreis	58%	11%
Begleitung von Trauernden	56%	36%
Altenheime	53%	2%
Notfallseelsorge	51%	24%

Trier 2003

Sollwerte, die im Kernbereich verschwindend klein waren, bei einzelnen Vorgängen deutlich zu. (Weiter unten folgt eine Übersicht über diese vermissten pastoralen Vorgänge.)

Randbereich

Beträchtliche SOLL-Werte zeigen sich im dritten Bereich (faktische Verbreitung 4 bis 49%). In diesem finden sich, bunt gemischt, verschiedenartige Vorgänge wie Kooperation mit nichtkirchlichen Einrichtungen, die Begleitung von Familiengruppen, Erwachsenenbildung, Caritasausschuss, Internetpräsenz.

Tabelle 9: Randbereich

	IST	SOLL
Kooperation mit nichtkirchl. Einrichtungen	49%	16%
Familiengruppen – Familienpastoral	47%	33%
Erwachsenenbildung – Bildungswerk	47%	29%
Eine-Welt-Arbeit	47%	31%
Präsenz im Internet	44%	27%
Caritasausschuss	42%	36%
Kinderchor	38%	33%
Exerzitien im Alltag	38%	29%
soziale Projekte (Nachbarschaftshilfe)	36%	29%
Hospiz	36%	24%
Aussiedler	36%	11%
Krankenhäuser	33%	2%
GottesdienstleiterInnen	33%	7%
Jugendchor	29%	36%
Offene Türen, Teestuben	29%	18%
Neuzugezogene	27%	29%
Konziliarer Prozess: Frieden, Gerechtigkeit und Bewahrung der Schöpfung	24%	40%
geistliches Zentrum, Meditation	22%	44%

Treffpunkt Menschen mit Behinderung	22%	13%
soziale Brennpunkte	18%	11%
Erwachsenenkatechumenat	18%	29%
geistliche Bewegungen	17%	40%
Sorge um Arbeitslose, Ausländer …	13%	49%
Gemeindeentwicklung, -beratung	13%	42%
Militärseelsorge	13%	9%
Fernstehendenpastoral	11%	40%
interreligiöses Gespräch	7%	24%
Männergruppen, Männerarbeit	4%	44%

Trier 2003

Die Wiener Studie bestätigt dieses Ergebnis (siehe Anhang).

Sollbereich

Das ist nun die Liste jener pastoralen Tätigkeiten, bei denen die SOLL-Werte hoch, oftmals sogar höher als die IST-Werte sind. Darunter sind Vorgänge, die für die künftige Entwicklung der Pastoral von Belang sein werden.

Entwicklungsbedarf sehen die befragten Hauptamtlichen bei Aufgaben, mit denen sich die Kirche in die Gesellschaft diakonal einbringt (Arbeitslose, Ausländer, Männer, Konziliarer Prozess, Eine Welt, soziale Projekte, Notfallseelsorge, Hospiz). Dazu kommen Personengruppen in den Blick, die entweder den Pfarrgemeinden heute fehlen (Jugendliche, Männer), oder Aufgaben, durch die Fehlende dazugewonnen werden können (Besuchsdienste, Neuzugezogene, Erwachsenenkatechumenat). Auch die Gemeindeentwicklung sollte mehr Platz bekommen. Neben diakonalen Projekten werden auch spirituelle (geistliches Zentrum, geistliche Bewegungen, Exerzitien im Alltag) vermisst.

Tabelle 10: SOLL-Bereiche

	IST	SOLL
Sorge um Arbeitslose, Ausländer...	13%	49%
Männergruppen, Männerarbeit	4%	44%
geistliches Zentrum, Meditation	22%	44%
Gemeindeentwicklung, -beratung	13%	42%
Fernstehendenpastoral	11%	40%
geistliche Bewegungen	17%	40%
Konziliarer Prozess: Frieden, Gerechtigkeit und Bewahrung der Schöpfung	24%	40%
Jugendchor	29%	36%
Caritasausschuss	42%	36%
Begleitung von Trauernden	56%	36%
Kinderchor	38%	33%
Familiengruppen – Familienpastoral	47%	33%
Eine-Welt-Arbeit	47%	31%
Erwachsenenkatechumenat	18%	29%
Neuzugezogene	27%	29%
soziale Projekte (Nachbarschaftshilfe)	36%	29%
Exerzitien im Alltag	38%	29%
Erwachsenenbildung – Bildungswerk	47%	29%
Präsenz im Internet	44%	27%
Jugendgruppen – Jugendpastoral	64%	27%
interreligiöses Gespräch	7%	24%
Hospiz	36%	24%
Notfallseelsorge	51%	24%
Bibelkreis, Bibelseelsorge	67%	24%
Besuchsdienste	67%	20%

Trier 2003

Raumbezug

In einem zweiten Durchgang der Erhebung der pastoralen Situation in der untersuchten Region Rhein-Mosel-Ahr sollte jede Person ankreuzen, in welchem pastoralen Raum sich der jeweilige Vorgang faktisch abspielt. Die wählbaren Räume wurden vor der Erhebung den Verhältnissen in der Region entsprechend gemeinsam definiert. Es sind mit zunehmender „räumlicher Reichweite“: Filiale, Pfarrgemeinde, Seelsorgseinheit, Dekanat, Bezirk/Region, Diözese. Dass manche pastoralen Vorgänge selbst den Raum einer Diözese überschreiten können, wurde im Rahmen dieser Pilotumfrage nicht berücksichtigt.

Abbildung 5: Räumliche Reichweiten der drei Gruppen von pastoralen Vorgängen

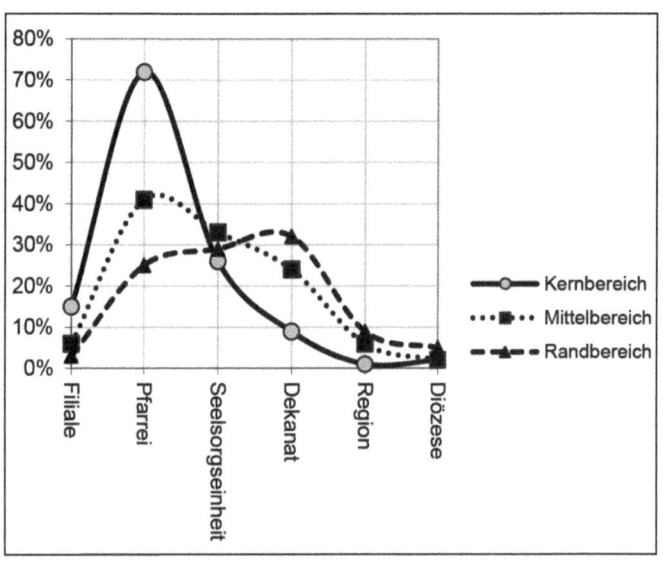

Die Analyse bringt ein beachtenswertes Ergebnis. Die pastoralen Tätigkeiten aus dem Kernbereich (von 80–100% genannt) konzentrieren sich zu 72% auf die Pfarrei. Dort finden sich zudem 41% der pastoralen Vorgänge aus dem

Mittelbereich (50–80%) sowie 25% aus dem Randbereich (4–49%). Das ergibt zusammen 128 Prozentpunkte.

88 Prozentpunkte sammeln sich in der Seelsorgseinheit, 65 Prozentpunkte im Dekanat. Auf die Region entfallen 16 Punkte, 16 Punkte auf die Diözese.

Der Hauptraum für die Pastoral in der Region ist also die Pfarrgemeinde. Bestimmte Aufgaben aber finden in größeren Räumen statt – in der Seelsorgseinheit oder im Dekanat. Der Region sind ganz wenige Aufgaben zugewiesen – das macht vielleicht auch einsichtig, warum diese in der Zwischenzeit im Zuge einer Strukturvereinfachung aufgelöst worden ist.

Ein ähnliches Ergebnis erbrachte die Onlinestudie aus dem Jahre 2016. Es sind weithin die gleichen Vorgänge, die dem pfarrlichen Nahraum zugeordnet wurden:

Tabelle 11: Raumbezug

	Pfarrei	Pfarr-ver-band	Seelsorgs-raum und weiter
Tauffeiern	84%	13%	2%
Krankenbesuche	81%	15%	4%
MinistrantInnenarbeit	81%	16%	3%
Eucharistiefeiern	79%	17%	4%
Neuzugezogene	78%	18%	4%
Begräbnisse halten	78%	16%	6%
Besuchsdienste	76%	18%	6%
Wortgottesdienst, Kreuzweg, Rosenkranz, Andachten	74%	21%	5%
Trauungen	74%	20%	6%
Erreichbarkeit von „Kirche"	74%	19%	7%
MesnerInnendienst	74%	18%	8%
Kindergruppen – Kinderpastoral	73%	24%	4%

Einzelgespräche über Glauben	71%	19%	9%
Begleitung von Trauernden	71%	16%	13%
Sternsingeraktion	70%	23%	7%
KommunionhelferInnen	70%	21%	10%
Sakramentalien spenden	69%	25%	6%
Predigen	68%	26%	6%
Erstkommunionvorbereitung	62%	30%	8%
Gemeinderat / Gemeindeausschuss	62%	31%	8%
Kirchenchor	59%	35%	6%
Pfarrgemeinderat, Verw.-Rat	58%	34%	8%
Taufvorbereitung	56%	36%	8%
Pfarrkanzlei	51%	41%	9%

Onlineumfrage 2016

Gottes- und Menschennähe

Die 70 aufgelisteten pastoralen Vorgänge wurden in der Erhebung unter weiteren Aspekten aufgeschlüsselt. So wurde den Beteiligten die Bitte vorgelegt, die pastoralen Vorgänge nach den Kriterien „gottnah", „menschennah" oder „beides" einzuschätzen.

Sowohl bei den der Pfarrei zugeordneten pastoralen Vorgängen wie bei denen in der Seelsorgseinheit zeigt sich jeweils im Schnitt ein leichter Überhang hin zu „menschennah".

Die größte Nähe zum Menschen wird der Pfarrei bescheinigt (46% der Vorgänge gelten als menschennah, 32% gottesnah; 29% beide).

Abbildung 6: Gottes- und Menschennähe

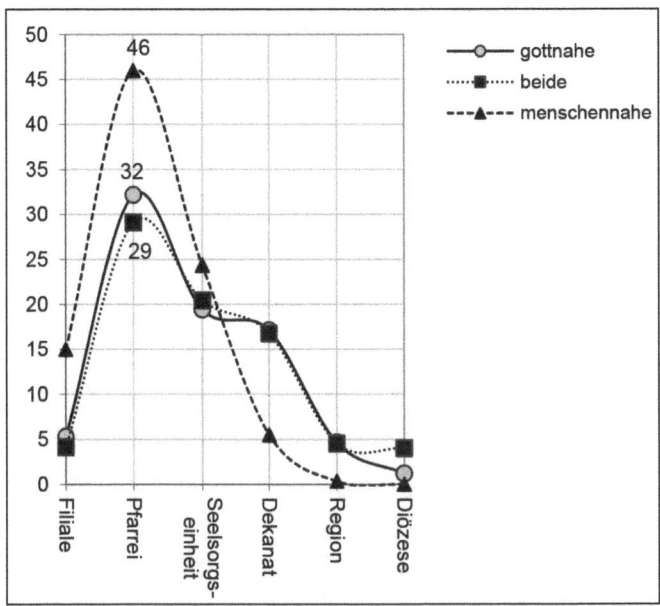

Der pastorale Nahraum sichert also die Menschennähe der Pastoral.

(Un)verzichtbar

Gefragt wurden die Mitwirkenden zudem danach, welche pastoralen Vorgänge ihrer Erfahrung nach verzichtbar sind bzw. welche sie für unverzichtbar halten. Von den der Pfarrei zugeordneten pastoralen Vorgängen gelten 78% als gänzlich unverzichtbar. Dieser Anteil sinkt hin zur Seelsorgseinheit auf 35%. Alle übrigen Werte liegen zwischen 15 und 2%.

Als weithin unverzichtbar gilt also das, was in den Pfarrgemeinden pastoral unternommen wird.

Abbildung 7: Verzichtbarkeit

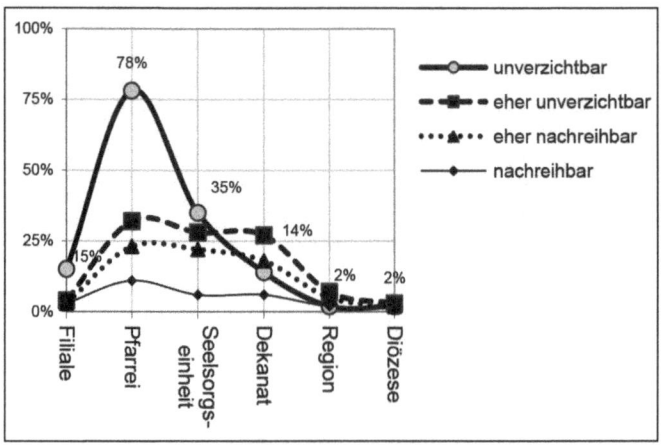

Typen von Hauptamtlichen

Mit den Daten war es auch möglich, eine Typologie unter den Hauptamtlichen zu bilden, und zwar je nach der Weite des Raumes, in dem sie jeweils als einzelne Befragte die pastoralen Vorgänge angesiedelt sahen.

Die reichen Informationen über die einzelnen Befragten wurden mithilfe einer Clusteranalyse übersichtlicher dargestellt. Dazu wurden drei Gruppen von Personen errechnet, welche die vorgelegten siebzig Tätigkeiten jeweils ähnlichen Räumen zugeordnet haben:

Abbildung 8: Reichweiten – drei Typen

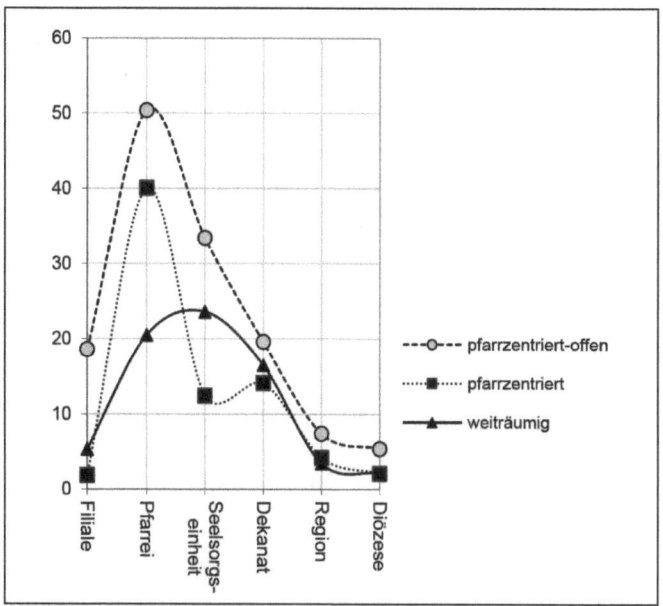

- Eine erste Gruppe sieht die vielen pastoralen Vorgänge schwerpunktmäßig in der Pfarrei (50%). Einige Tätigkeiten streuen ihrer Ansicht nach über mehrere Räume: entweder in Richtung des noch kleineren Raums der Filiale (19%) oder in die größeren Räume einer Seelsorgseinheit (33%) bzw. eines Dekanats (20%). Ich nenne diese Gruppe die Pfarrzentrierten, die aber – das Leben in der Pfarrei ergänzend – offen für andere pastorale Räume sind. Wegen dieser Offenheit wird die Nennung dieser Gruppe auf die *Pfarrzentriert-Offenen* erweitert. Nur 11% aller Befragten sind dieser Gruppe zuzurechnen.
- Für eine zweite Gruppe ist gleichfalls die Pfarrei der Hauptort pastoraler Aktivitäten (40%). Daneben spielen

das Dekanat (14%) sowie die Seelsorgseinheit (12%) eine nachrangige Rolle. Hier handelt es sich um die *Pfarrzentrierten*. Davon gibt es unter den Befragten 40%.

- Bei der dritten Gruppe verteilen sich die Tätigkeiten auf die Seelsorgseinheit (24%), gefolgt von der Pfarrei (21%) und dem Dekanat (17%). Es sind die *Weiträumigen*. Es ist dies mit 49% die größte Gruppe. Das hat auch damit zu tun, dass unter den Teilnehmenden das in der Leitung der Region tätige Personal überdurchschnittlich vertreten war sowie PastoralreferentInnen, die der Region zugewiesen worden waren.

Erste Erkenntnisse

Aus dieser Fallstudie lassen sich hypothetisch erste Positionen formulieren, die durch weitere Forschung und Reflexionen überprüft werden. Klar erkennbar wird, dass sich die vielfältigen pastoralen Vorgänge (derzeit) offenbar in unterschiedlichen pastoralen Räumen ereignen.

1. Ein für unverzichtbar gehaltener Kernbereich wird dem lokalen Raum (Pfarrei, Filiale) zugeordnet. Es sind Vorgänge, in denen die Menschennähe der Pastoral gesichert wird. Sie kreisen um die familialen Lebenswelten, die damit verbundenen Feiern der Lebenswenden. Die Mitte ist die Feier der Eucharistie.

2. Es gibt Vorgänge, die von Haus aus nicht pfarrlich zu bewerkstelligen sind, sondern *nach größeren Räumen verlangen*. Dazu zählen in der Fallstudie neuere geistliche Vorgänge, personal- und organisationsentwicklerische Bemühungen, anspruchsvolle soziale Projekte wie Krankenhäuser, Altenheime, Schulen, Sozialstationen, Hospize.

Kirche in der Stadt Ravensburg

Die bisherigen Überlegungen sollen mit einem best-practice-Beispiel aus der Diözese Rottenburg-Stuttgart abgerundet werden. Der Fokus liegt nicht auf Einschätzungen, sondern auf realer pastoraler Praxis. Es handelt sich um die Kirche im städtischen Raum von Ravensburg. Diese mittelalterlich geprägte Stadt zählt nicht ganz 50.000 Einwohner. Sie ist strukturell gegliedert in vier gewachsene Pfarreien sowie eine Filialkirchengemeinde. Diese sind zu einem Seelsorgsraum zusammengeschlossen, der wiederum mit zwei anderen Seelsorgsräumen und weiteren acht Pfarreien eine Gesamtkirchengemeinde bildet. Die folgenden Überlegungen beziehen sich lediglich auf den Seelsorgsraum der Stadt Ravensburg und ihre vier Gemeinden Christkönig, Liebfrauen (mit der Kreuzkirche), St. Christina und St. Jodok.

In der mir vorliegenden Arbeitsunterlage (siehe Anhang), die mir Pfarrer Hermann Riedle überlassen hat, sind die pastoralen Vorgänge in mehrere pastorale Bereiche aufgegliedert. Diese sind: Liturgie/Gottesdienst; Verkündigung/Katechese; Caritas/Dienst am Nächsten; Gremien/Ausschüsse; Communio/Gemeinschaft; Gruppierungen; Kooperationspartner; Einrichtungen.

Liturgie/Gottesdienst

In jeder Pfarrei wird am Sonntag Eucharistie gefeiert. In den einzelnen Pfarreien gibt es weitere Gottesdienstformen wie Rosenkranz, Andacht und Vesper. Pfarrlich sind die Feiern der Lebenswenden, wobei es dafür einzelne Sonntage gibt. Die Taufsonntage folgen in den einzelnen Pfarreien reihum aufeinander. – In der Seelsorgeinheit gibt es gemeinsame

Gottesdienste zu bestimmten Anlässen im Kirchenjahr wie Bitttage, Fronleichnam, Kartage, Pfingstmontag, Silvester. Beerdigungen/Urnenbeisetzungen sind im Seelsorgsraum (ohne Requiem) angesiedelt. – Im Vergleich zu anderen Bereichen ist der gottesdienstliche Bereich überdurchschnittlich ausgestattet.

Verkündigung/Katechese

In allen lokalen Pfarreien finden sich Predigt und Sternsingeraktion. Zur „Profilierung" finden Fastenpredigten in Liebfrauen, die Sebastiansoktav sowie die Jahreskrippe in St. Jodok statt. – Die Sakramentenvorbereitung ist in der regionalen Seelsorgeeinheit zusammengeführt. Auch der Kinderweltgebetstag wird regional begangen.

Caritas/Dienst am Nächsten

In den lokalen Pfarreien wird die Kommunion zu den Kranken gebracht, erfolgen Besuche zu verschiedenen Anlässen, gibt es „nahe" karitative Dienste. – Der regionale Seelsorgsraum beherbergt anspruchsvollere diakonale Dienste wie Nachbarschaftshilfe, professionelle Trauerpastoral, die Sorge in den Pflegeheimen. Regional ist der Ort des Zuhörens angesiedelt.

Gremien/Ausschüsse

Lokal haben alle Pfarreien einen Kirchengemeinderat sowie wichtige Ausschüsse für Verwaltung und Liturgie. Christkönig hat eine Projektgruppe „Familienkirche" eingerichtet. Die kleinste der Pfarreien – St. Jodok – hat nicht nur einen

Ausschuss zur Vernetzung, sondern auch für mögliche künftige Entwicklungen: Vielleicht ist dies ein Schritt zur selbstgewählten Fusion mit einer benachbarten Pfarrei. – Regional, in der Seelsorgeeinheit, existieren Ausschüsse, die sich vor allem mit der künftigen Entwicklung der Kirche am Ort Ravensburg befassen. Auch das Pastoralteam der Hauptamtlichen ist hier angesiedelt.

Communio/Gemeinschaft

Gemeindefeste gibt es lokal wie regional. Regional veranstaltet werden ein Ehrenamtsfest, eine Gemeindewallfahrt, ein interreligiöses Frauenfest sowie das Projekt „Ruh dich aus". Die einzelnen Gemeinden begehen gleichfalls eigene Festivitäten: Jedes zweite Jahr werden lokal bei einem Helferfest die Ehrenamtlichen bedankt. Dazu kommen pfarrliche Sonderfeste.

Gruppierungen

In den einzelnen Pfarreien bestehen beachtlich viele Gruppierungen unterschiedlicher Art. Gruppen für Lektoren, Kommunionhelfer, Ministranten und Gesang bei Gottesdiensten sind bei allen vorhanden. Christkönig qualifiziert sich als Jugendkirche mit speziellen Gottesdiensten mit jungen Menschen. – In der Seelsorgeeinheit sind vergleichsweise wenige Gruppierungen zu finden. Dazu zählen größere Chöre mit Kindern und Jugendlichen sowie Gruppierungen im Bereich der Ökumene. Die Verantwortung für das Ravensburger Stadtkonzil (2013) und dessen Umsetzungen wird von einer eigenen Gruppe verantwortet.

Einrichtungen

Alle Pfarreien verfügen über einen oder zwei Kirchenbauten, ein Gemeindehaus, ein Pfarrbüro. Der Pfarrer wohnt in Liebfrauen. – Der Seelsorgsraum kümmert sich um die gesellschaftlichen Dienste der Kirchengemeinden wie Kindertagesstätten, Kleiderkammern und Läden, Sozialstation. Dem Seelsorgsraum übergeordnet ist ein Dekanat mit einer Dekanatsgeschäftsstelle, einem Caritaszentrum und der Telefonseelsorge.

Fusionen

In einem längeren Gespräch zur Situation erzählte mir Pfarrer Hermann Riedle, dass diese Reform der Kirche in der Stadt Ravensburg nicht Teil der diözesanen Strukturreform ist, sondern sich einer dieser vorausgegangenen lokalen Initiative verdankt. Aus seiner Sicht als Pfarrer wünsche er sich allerdings eine Fusion der Pfarreien in der Seelsorgeeinheit. Auf meine Frage, ob das ein Anliegen der Hauptamtlichen oder der Gemeinden sei, antwortete er klar: der Hauptamtlichen. Die Gemeinden möchten nicht fusionieren. Dennoch stellte das Leitungsteam ein Ansuchen an die Diözesanleitung um die Erlaubnis zu fusionieren. Bischof Gebhard Fürst ließ aber wissen, dass er derzeit keine Fusionen (mehr) vornehme.

Unbeschadet dieser einen Frage kommt in der vorliegenden sogenannten „Standortbestimmung" (vom 23.2.2017) klar das schöpferische Zusammenspiel von lokal und regional zum Vorschein. Es bestätigen sich weitere Studienergebnisse aus Trier und der Onlineumfrage:

Der pastorale Schwerpunkt sitzt ganz „unten" in den lokalen Gemeinden, die eigenständige und zugleich stadtkirchlich vernetzte Pfarreien sind und wohl auch (noch längere Zeit) so bleiben werden. Dort wird Eucharistie gefeiert. Die liturgischen Dienste sind hier angesiedelt, auch die Feier der Lebenswenden mit Ausnahme der Beerdigung (was dem gemeinsamen städtischen Friedhof geschuldet ist). Das Requiem für die Verstorbenen wird in den Pfarreien gefeiert, ebenso die Taufen: Allerdings werden dabei alle Angehörigen von Tauffeiern und Begräbnissen aus jeweils einem Monat zusammengefasst. Lokal angesiedelt sind vielfältige Besuchsdienste. Die Pfarreien sichern damit Menschennähe zu den alltäglichen Lebens- und Leidenswelten der Menschen in der Stadt.

Regional werden traditionelle Liturgien gefeiert, in denen die Kirche aus dem Kirchenraum geht (Beginn des Kirchenjahres, Silvester, Bitttage, Maiandachten, Pfingstmontag, Fronleichnam). Dazu kommen Schulgottesdienste und ökumenische Gottesdienste. Regional verortet sind die Vorbereitungen zu den sakramentalen Feiern von Lebenswenden, aber auch Trauerpastoral. Wichtige diakonale Dienste sind auf der Ebene der Seelsorgeeinheit, also regional, angebunden: Pastoral in den Pflegeheimen, die Sozialberatung, Orte des Zuhörens, organisierte Nachbarschaftshilfe.

Kriterien für lokal und regional

> *„Eine der Hauptaufgaben ist es,*
> *pastoraltheologische Kriterien zu eruieren,*
> *mit deren Hilfe die räumliche Reichweite*
> *eines pastoralen Vorgangs bestimmt*
> *werden kann."* (Trier 2003)

Auf dem Hintergrund der vorgelegten Befragungen sowie des Beispiels Ravensburg wird erkennbar, dass das Konzept einer raumgerechten Seelsorge für die Zukunftsfähigkeit der Kirche dienlich sein kann. Es beruht auf der Frage, welcher pastorale Vorgang nach welchem Raum verlangt. Dabei spielen bei der räumlichen Zuordnung der Vorgänge mehrere Kriterien eine Rolle. Einige dieser Kriterien sollen hier vorgestellt und diskutiert werden.

Gottnähe

Ein erstes Kriterium ist die Gottnähe – oder wie die Weizer Pfingstbewegung es formulierte: die *„Gottesverwurzelung"*. Aus ihr lebt die Kirche in ihren Gemeinden, Gemeinschaften und Projekten. Gottnähe ist gewiss zuallererst ein personales Widerfahrnis. Sie ist aber auch Grundmerkmal jeder Gemeinschaft von Christen.

Der gemeinschaftlichen Vertiefung von Gottnähe wird in allen Umfragen und allen best-practice-Beispielen die Feier der Eucharistie zugeordnet. Gottnähe stärkt auch das gemeinsame Lesen der Bibel, deren Auslegung in Gruppen und von da ausgehend die Gestaltung des Lebens und Zusammenlebens in den Gemeinschaften und im Alltagsleben. Gottesdienste verschiedener Art werden „zum Eintauchen in Gott" gefeiert: Wortgottesfeiern und Andachten.

Alle diese *vielfältigen Liturgien*, in denen die Gottnähe geschenkt, gesucht, vertieft, bestärkt und gefeiert wird, werden den lokalen Einheiten zugeordnet.

Dabei wird nicht übersehen, dass es bestimmte Gottesdienste gibt, die regional gefeiert werden. Gemeinsame Gottesdienste im regionalen Raum haben mit der Präsenz/Präsentierung in der Öffentlichkeit ebenso zu tun wie mit der Zahl der Mitfeiernden (wie Bitttage, Fronleichnam, Silvester).

Der Priestermangel zwingt nicht wenige Diözesen, die Feier der Eucharistie regional zu verorten. Eine solche Regionalisierung der Feier der Eucharistie löst in lokalen Gemeinden enorme Dispute und depressive Verärgerungen aus.

Die deutschen Bischöfe sehen diese Verstimmungen. Nach einem wohlmeinenden Appell, immer wieder die konkrete Gestaltung der Eucharistiefeier in Bezug auf Ort, Anzahl und Gestaltungsformen der sonntäglichen Eucharistiefeiern in den vergrößerten pastoralen Räumen zu überprüfen und zu erneuern, wird wahrnehmend festgehalten:

„Nicht selten wird um diese Fragen in den Pfarreien gerungen und gekämpft, wenn aufgrund fehlender Priester nicht alle Erwartungen erfüllt werden können. Wenn Zeiten und Orte, Anwege und eingespielte Rhythmen der Sonntagseucharistie sich immer wieder ändern, entstehen für viele Gläubige tiefe Verlustängste und Verunsicherungen über den weiteren Weg, ja über die Zukunft der Kirche insgesamt.

Solche Ängste und Verunsicherungen dürfen nicht einfach geringgeschätzt und weggeschoben, sondern müssen in geduldigem gemeinsamen Überlegen und in behutsamem Vorgehen angeschaut und überwunden werden."[104]

Die deutschen Bischöfe verbleiben bei diesen Argumenten auf der Ebene der Symptome. Sie gehen nicht die Ursache an: Diese ist der Mangel an Priestern und nicht, wie unzulässigerweise generell behauptet wird, an eucharistiebereiten gläubigen Gemeinden. An solchen mangelt es derzeit nicht, und das in Europa wohl noch auf längere Sicht.

Innerhalb des guten Dokuments der Bischöfe, das im Sinn des Konzils bei den Gemeinden ansetzte, ist die Verlagerung der Argumentation auf den Priestermangel ein Rückfall in die vorvatikanische priesterzentrierte Ekklesiologie. In einer Weise, die an Zynismus grenzt, werden die Sorgen und Ängste der Betroffenen benannt, ohne die Ursachen dafür wahrzunehmen und zu bearbeiten.

Tatsache ist: Die Kirche hat derzeit in Europa weitaus mehr eucharistiefähige gläubige Gemeinden und Gemeinschaften als verfügbare Vorsteher.

Das betrifft auch weibliche Ordensgemeinschaften. Ich erlebe mit, wie größere Kommunitäten von Ordensfrauen in Wien sich um Priester mühen, die zu einem Doktoratsstudium nach Wien kommen. Der Handlungsbedarf der Kirchenleitung ist enorm.

104 | Die deutschen Bischöfe: Gemeinsam Kirche sein. Impulse – Einsprüche – Ideen, Arbeitshilfen 286, Bonn 2015, 24f.

Menschennähe

Ein zweites Kriterium für die Verortung pastoraler Vorgänge ist die Menschennähe, und zwar die Nähe zu den stärker ortsgebundenen Anteilen in der Bevölkerung. Zu denen zählen die „Bewohner" der familialen „kleinen Lebenswelt", in der Paare, Eheleute, Familien, aber auch Alleinlebende, Alte und Kinder ihren Lebensschwerpunkt haben. Deswegen werden auch in allen Studien die Feiern der Lebenswenden, die Zuwendung zu den Liebenden, die Geburt von Kindern, aber ebenso das Zusammenleben mit Älteren, Kranken sowie Pflegebedürftigen den lokalen Einheiten zugeordnet.

Die Stellungnahme einer 60–69-jährigen Pfarrgemeinderätin begründet die lokale Verortung der Feier der Eucharistie mit der Menschennähe.

„Ich finde es sehr schade, dass notwendige Reformen in die für mich falsche Richtung zielen, da die Verlegung der Eucharistiefeier in eine Hauptpfarre aus der Heimatpfarre weg sehr vielen Menschen (Alte und Kranke, Kinder usw.) die Möglichkeit nimmt, regelmäßig daran teilzunehmen, da für viele die Anfahrt mit öffentlichen Verkehrsmitteln bereits zu beschwerlich ist. Gerade in diesen Lebenssituationen wie Alter und Krankheit ist es besonders wichtig, seelisch gestärkt zu werden. Für viele, die sonst fernstehen, aber in unserer Pfarre eine kleine Heimat gefunden haben, sehe ich den Verlust derselben gleichzeitig mit dem Verlust des Kontaktes mit der katholischen Kirche. Außerdem wird die Motivation zur Erhaltung einer lebendigen Pfarrgemeinde, die in unserer Pfarre seit nunmehr sieben Jahren besteht, sehr stark beschnitten. Es wäre sehr schade, wenn dies alles durch eine derart einschneidende Reform verloren ginge."[105]

Die Feiern zu den Lebenswenden haben zugleich eine liturgisch-rituelle wie eine diakonale Dimension. Man kann von einer Ritendiakonie[106] reden. Deshalb ist es zulässig, dass die Feiern der Taufe oder der Trauung nicht nur als gottnahe Sakramente, sondern zugleich als menschennahe heilsame Rituale begangen werden.

Dass die Feiern der Lebenswenden lokal-menschennah zugeordnet werden, hindert nicht daran, die gemeindekatechetischen Vorbereitungen auf die Feiern regional zu bündeln. Das macht beispielsweise die Stadtkirche Ravensburg, um nicht zuletzt durch die Katechesen einerseits Gemeindemitglieder miteinander zu vernetzen und andererseits jene ehren- und hauptamtlichen Personen zu entlasten, welche die Vorgänge gestaltend verantworten.

Laut Wiener Studie beschäftigt die betroffenen Gemeinden das allmähliche Wegfallen der Eucharistiefeier, das „Herabdritteln" auf eine Wortgottesfeiergemeinde (ein Drittel pilgert zur Zentraleucharistiefeier, ein Drittel kommt zur Wortgottesfeier, ein Drittel bleibt weg). Dies führe zu einer Ausdünnung der Begegnung der Gemeinden mit ihren Mitgliedern und damit zu einer lautlosen Entfernung der Kirche von den Menschen und der Menschen von der Kirche. Verloren gehen – so sehen es sehr viele – auch die Begegnungsmöglichkeiten mit einem priesterlichen Seelsorger. Deren Aufgaben wandeln sich im Zuge der Strukturreform. Viele Priester, vor allem in der Leitung der „Pfarre neu",

---

105 | Bericht über die Umfrage in der Erzdiözese Wien, 23.
106 | Zulehner, Paul M.: Ritendiakonie, in: Die diakonale Dimension der Liturgie, hg. v. Kranemann, Benedikt/Sternberg, Thomas/Zahner, Walter, Freiburg 2006, 271–283.

werden vom seelsorglichen „Automechaniker" zum pastoralen „Werkstattleiter" mutieren.[107]

Seelsorge wandert damit aus dem „Priesterbild neu" aus.
Sie verschwindet insgesamt oder wird weithin allein zur Laiensache.

Die Priester, welche die neuen Großpfarren leiten, bewegen sich im Zuge der Reform von den Menschen und ihren alltäglichen Leiden und Freuden in Richtung Bischof, sie „episkopalisieren". Es entstehen unter der Hand neue Kleinbistümer mit „Landbischöfen". Zugleich „presbyteralisieren" nicht wenige haupt- und ehrenamtliche Laien, weil sie faktisch Aufgaben übernehmen, für welche die Kirche in guten Zeiten Personen selbstverständlich ordiniert hätte.

„ich hoffe, dass kirche näher an sorgen und nöte der menschen herankommen wird, mehr vielfalt und zugangsweisen, vielleicht ein aufbrechen und überdenken veralteter strukturen, mut, neues zu wagen und mit unterschiedlichen menschen in kontakt kommen – ich hoffe, dass nichts schlechter wird, sondern diese reform als chance gesehen werden kann, miteinander neues zu gestalten und altes, bewährtes zu erhalten." [50–59-jährige Frau]

„Die Herzenszugehörigkeit zu ‚meiner Pfarre' wird sehr leiden. Die wirkliche seelsorgerische ‚Betreuung' durch Priester, die ‚vor allem Menschen' sind, wird enden – das ist sehr schlecht. Die Zugehörigkeit zu (m)einer wirklichen Glau-

---

107| Regenten in Priesterseminaren müssten vielen Kandidaten, die herkömmliche Seelsorgspriester werden möchten, sagen: Wir haben für Ihre Berufung keinen Beruf mehr.

bensgemeinschaft wird geschwächt, wenn ein ‚verbindendes Mitglied vor Ort' (= Priester) nicht mehr da ist, nicht mehr da wohnt, nicht mehr ‚zur (Kleinst-)Gemeinde gehört'. (M)ein sehr wertvoller, überschaubarer ‚Lebensraum' (und ‚intimer' Gebetsort) geht verloren; ein ‚Einfinden' in ein bedeutend größeres ‚System' ist immer schwieriger und unpersönlicher." [50–59-jähriger Mann]

Die Nähe der Kirche geht aber nicht nur zu den Insidern verloren, sondern – was angesichts des missionarischen Grundprogramms fatal ist – auch und gerade zu den sogenannten Fernstehenden:

„Gläubige werden sich zusammenschließen, Fernstehende austreten, sie nehmen keine längeren Wege in Kauf." [60–69-jährige Frau]

„durch die Reform werden viele austreten. dadurch werden die Finanzen schlechter, die Bedeutung in der Gesellschaft verringert, temporäre Kleingruppen gewinnen." [60–69-jähriger Mann]

„Taufscheinchristen werden austreten. Der Schwund an Beitragszahlern wird rasant steigen." [60–69-jähriger Mann]

„Zu Beginn werden die Menschen verärgert sein und wahrscheinlich austreten, dann hat die Reform ihre Berechtigung, denn dann wird man nicht mehr viel brauchen, wenn wir überhaupt noch was brauchen..." [50–59-jährige Frau]

„Besser??? Der Unmut der Gläubigen wird steigen – viele werden austreten!" [50–59-jährige Frau]

„Zeitfrage: Im ersten Abschnitt sicherlich Sorge um Seelsorge, Gemeinde, Mitarbeiter und Kirchenaustritte (Welle!). In der zweiten Phase Optimismus durch die Bank. Dann folgt die Phase der Ernüchterung und Einstellung auf die neue Realität – kann von Plänen oder Wollen stark abweichen." [30–39-jährige Frau]

Kritische Masse

Anhand dieser Regionalisierung der Tauf-, Firm- oder auch Ehe- und Trauungsvorbereitung kann jenes Kriterium präsentiert werden, das Organisationsentwickler „kritische Masse" nennen. Zugegeben, das Wort ist für das hier Gemeinte nicht gerade fein. Denn bei der „kritischen Masse" handelt es sich um Menschen, darüber hinaus freilich auch um Finanzen sowie verfügbare und leicht zugängliche Orte.

Manche Prozession an Fronleichnam oder einem Bitttag ist mancherorts kümmerlich frequentiert. Es liegt nahe, dass sich in einem Wiener Entwicklungsraum oder in der Stadtkirche Ravensburg die Pfarreien zusammenschließen, um gemeinsam Prozessionen zu begehen.

Dasselbe wird längst im Bildungsbereich praktiziert. (Katholische) Bildungswerke kooperieren in größeren Räumen innerkirchlich wie darüber hinaus. Kleine Pfarreien haben weder hinreichend viele Teilnehmende für rein pfarrliche Bildungsveranstaltungen noch das nötige Geld, um sich anziehende Referentinnen und Referenten leisten zu können.

Das Kriterium der „kritischen Masse" kommt häufig auch in der Jugendarbeit zum Tragen. So hat die Stadt Ravensburg natürlich nur eine Jugendkirche für die ganze Stadt. Das entlastet die übrigen Gemeinden von der schier unmöglichen Aufgabe, in den pfarrlichen Gottesdiensten dem Lebensgefühl junger Menschen hinreichend gerecht zu werden, ohne dadurch die Erwachsenen und die jungen Familien zu irritieren. Zugleich zieht allerdings die Jugendkirche die jungen Menschen von den lokalen Gemeinden ab.

Die Sensibilität für das Lebensgefühl junger Menschen ist ein Musterbeispiel für die Anwendung des Kriteriums „kritische Masse" auf spezifische Milieus. Der Anteil mancher Milieus in lokalen Gemeinschaften und Gemeinden ist oftmals so klein, dass man dieser kleinen Zahl in der alltäglichen Pastoral kaum gerecht werden kann. Es braucht daher neuerlich größere Räume, in denen die Angehörigen solcher Minderheitenmilieus in gut gestalteten pastoralen Vorgängen gesammelt werden können.

Allerdings ist es ekklesial angebracht, dass es bei aller notwendigen Differenzierung/Diversity von Milieus auch Ereignisse gibt, in denen die verschiedenen Milieus geeint werden. So wie es nicht mehr Juden und Griechen, Sklaven und Freie, Männer und Frauen geben soll, weil alle eins geworden sind in Christus (Gal 3,28), so sollte es nicht ein unverbundenes Nebeneinander von Traditionellen, Konservativen, Angehörigen der bürgerlichen Mitte, Etablierten, Postmateriellen, Performern, digitalen Individualisten, Hedonisten, Adaptiv-Pragmatischen oder Zugehörigen zur konsumorientierten Basismitte geben.[108]

Manche pastorale Strukturreformer begründen mit diesem Zusammenführen der Vielfalt zur ekklesialen Einheit

---

108 | Zulehner, Paul M./Ebertz, Michael N.: Plädoyer für Kirchenwachstum. Pastoraltheologisches zu den Sinus-Milieus, in: Lebendige Seelsorge (5/2007) 324–328.

die Ansiedlung der Feier der Eucharistie in einem zentralen Ort eines größeren pastoralen Raumes.[109]

Dabei soll aber nicht übersehen werden, dass selbst Basisgemeinden oder Sonntagsgemeinden in Pfarreien oftmals ein beträchtliches Maß an Diversity aufweisen.

Professionalität der Dienste

Ein weiteres Kriterium ist Professionalität. Nicht zuletzt in der Diakonie und der Bildung beteiligen sich die Kirchen in demokratischen Ländern an gesellschaftlichen Aufgaben. Zumeist sind solche Dienste nicht verstaatlicht, sondern stehen gesellschaftlichen Organisationen wie dem Roten Kreuz oder den Kirchen offen. Demokratische Staaten verpflichten sich, solche gesellschaftlichen Einrichtungen zu finanzieren. Daran knüpfen die staatlichen Stellen aber zu Recht fachliche Standards. Professionalität wird gefordert.

Man kann davon ausgehen, dass die überschaubaren lokalen Gemeinschaften und Gemeinden schon heute nicht das erforderliche Potential an Professionalität besitzen. Daraus folgt nicht, dass es in den Pfarreien/lokalen Gemeinschaften etwa keine diakonalen oder erwachsenen- wie glaubensbildnerischen Dienste (etwa in der Sakramentenkatechese) gibt. Diese sind aber nur möglich, wenn an sie nicht jener hohe Anspruch an Professionalität gestellt wird, der in kirchlich getragenen gesellschaftlichen Einrichtungen erforderlich ist.

109| Kehl, Medard: Reizwort: Gemeindezusammenlegung. Ekklesiologische Überlegungen zur pastoralen Neuordnung in den deutschsprachigen Diözesen, in: StdZ 132 (2007) 316–329.

*Kirchliches Personal ist entsprechend zuzuordnen. Die loka-
len Gemeinschaften/Gemeinden werden in ihrem alltäglichen Leben sowie mit ihren Diensten künftig hauptsächlich
von Ehrenamtlichen getragen werden – ehrenamtliche
Priester(teams) eingeschlossen. Dazu ist auf lokaler Ebene
viel an Personal- und Gemeindeentwicklung zur Förderung
von Ehrenamtlichen zu investieren mit dem Ziel, dass das
Leben in angemessener Qualität ehrenamtlich getragen
werden kann. Zu den Entwicklungszielen gehört auch, dass
es ehrenamtliche Leitungsteams gibt.*

*Die regionalen Projekte hingegen verlangen schon
wegen vorgegebener gesellschaftlicher Standards nach
professionellen Hauptamtlichen und der Fähigkeit zu ge-
diegener Projektarbeit.*

Eucharistiefeier in gläubigen Gemeinden

Für die Zuordnung der
Feier der Eucharistie zur
lokalen Ebene sprechen neben sozialen vor allem
starke theologische Gründe.
Gläubige Gemeinschaften
werden zum „Leib Christi"
dadurch geformt, indem sie
sich diesen „einverleiben".
Darin erfolgt eine funda-
mentale Wandlung aus der
Angst ins Vertrauen, aus
der Selbstsicherung in die
Hingabe. Deshalb zeigen

Perikopenbuch Heinrichs II. (1040)

mittelalterliche Bilder die Kirche in den beiden Vorgängen Abendmahl und Fußwaschung. Die Wichtigkeit der Beteiligung an der Eucharistiefeier fand nicht zuletzt ihren Ausdruck in einem der Gebote der Kirche. Es versündige sich an der kirchlichen Gemeinschaft schwer, wer ohne Grund nicht teilnehme.

Man konnte in den letzten Jahrzehnten angesichts des Mangels an Vorstehern der Feier der Eucharistie manchmal das Gefühl bekommen, als würde von einem Gutteil der katholischen Kirchenleitung die Wichtigkeit der Sonntagsmesse dem Priestermangel geopfert. Man könne auch notfalls in einer Wortgottesfeier die Sonntagspflicht erfüllen. Es komme letztlich auf das Zusammenkommen und das gemeinsame Hören auf das Wort Gottes an. Gestritten wurde lediglich darum, ob bei solchen Wortgottesfeiern die vorkonsekrierte Kommunion ausgeteilt werden solle.

Gegen eine solche Entwicklung schreiben allerdings die deutschen Bischöfe in „Gemeinsam Kirche sein"[110] an. Den Kontext bildet das von den Bischöfen vorgestellte Konzept der Ekklesiogenese, also des Aufbaus der Kirche in ihren vielfältigen Gemeinschaften. Gott füge (diese berufend) Menschen hinzu und schenke ihnen Begabungen, die den Reichtum der Kirche darstellten. Es gebe also in der Kirche keine Unberufenen und keine Unbegabten. Sodann gehe es um die Frage, was die vielen hinzugefügten Charismenträgerinnen und -träger untereinander eine. Dazu greifen die Bischöfe die Lehre des Apostels Paulus vom Leib Christi auf. Die vielen Einzelnen seien wie Glieder an dem einen Leib. Erfahrbar, verwirklicht und vertieft werde diese Ei-

---

110 | Die deutschen Bischöfe: Gemeinsam Kirche sein. Impulse – Einsprüche – Ideen, Arbeitshilfen 286, Bonn 2015.

nung in dem einen „Leib Christi" in der Feier der Eucharistie:

„Darum ist die Eucharistie auch die Feier, in der die Einheit der vielen verschiedenen Charismen in der Kirche
immer wieder von Neuem sakramental vertieft wird. ‚Durch
die Sakramente, vor allem durch die heilige Eucharistie,
wird jene Liebe zu Gott und den Menschen mitgeteilt und
genährt…' So ist jeder Getaufte ‚kraft der ihm geschenkten
Gaben zugleich Zeuge und lebendiges Werkzeug der Sen-
dung der Kirche selbst ‚nach dem Maß der Gabe Christi'
(Eph 4,7)' (Lumen gentium 33). Der je persönliche Berufungsweg der einzelnen Christen wird durch die Eucharistie
zu einem gemeinsamen Weg mit den anderen Glaubenden
und mit der ganzen Kirche."[111]

Das hier Gesagte gelte auch „*für die kleinste Gemeinschaft
der Kirche*": Sie wird nicht nur in sich selbst auferbaut, sondern „gelangt durch die Eucharistie zur sakramentalen Gemeinschaft mit der Ortskirche und mit der Universalkirche
und nimmt an der unauflöslichen Verbundenheit der Kirche
mit dem Herrn teil".[112]

*Dass gläubige Gemeinschaften am Herrentag Eucharistie
feiern, ist der biblische Normalfall. Es bestand eine innere
Affinität der gläubigen Gemeinschaften zum Herrenmahl.
Später hat man dies als „Recht der Gemeinde auf
Eucharistie"[113] sprachlich einzufangen versucht. Johannes*

---

111 | Gemeinsam Kirche sein, 24.
112 | AaO.
113 | Das Recht der Gemeinde auf Eucharistie. Die bedrohte Einheit von Wort
und Sakrament. Solidaritätsgruppe Katholischer Priester der Diözese
Speyer, hg. v. Josef Blank, Trier 1978.

Paul II. hat diesen Gedanken in sein Schreiben „Ecclesia de eucharistia" aufgenommen.[114]

Dabei wurde in der Frühzeit das Herrenmahl in den Häusern gefeiert. Diese bestanden nicht aus blutsverwandten Familien, sondern waren „familiale" Gemeinschaften mit Brüdern, Schwestern, Müttern, Häusern und Äckern (Mk 10,28–30) – aber ohne Väter (Mt 23,9). Nur in diesem familienübergreifenden Sinn waren sie Hauskirchen.[115] Ihre Größe war überschaubar. Kaum mehr als 30 oder 40 Personen umfassten sie.

Die euphorischen Aussagen über die Bedeutung der Feier der Eucharistie im gläubigen Leben der Kirche und ihrer Gemeinschaften bei Päpsten und Bischofskonferenzen finden sich verdichtet in der wiederholten Aussage des Konzils, die Liturgie, zumal die Feier der Eucharistie, sei Quelle und Höhepunkt des christlichen und kirchlichen Lebens. Ganz in diesem Sinn schreiben die deutschen Bischöfe:

„Darum lädt die Kirche ohne Unterlass alle Getauften zur Mitfeier der Eucharistie ein und legt ihnen diese Feier persönlich ans Herz. Sie kann und darf nicht aufhören, besonders am Tag des Herrn die Eucharistie zu feiern, bis er wiederkommt. Der Sonntag und die Versammlung der Kirche zur Eucharistie an diesem Tag begründet darum auch eine Verantwortung aller für das Leben der Kirche: Alle sind eingeladen, aktiv daran mitzuwirken, dass in der Eucharis-

---

114 | Der Papst: „In der Tat ist die Pfarrei eine Gemeinschaft Getaufter, die ihre Identität vor allem durch die Feier des eucharistischen Opfers ausdrücken und bekräftigen." Ecclesia de eucharistia, 32.

115 | „Hauskirche" wird manchmal als Kirche in den einzelnen Familien missverstanden. Kritische Anmerkungen dazu finden sich in Zulehner, Paul M.: Vom Gesetz zum Gesicht, Ostfildern 2016, 142–147.

tiefeier die Gegenwart des Herrn immer mehr erfahrbar wird und in die Welt ausstrahlt."[116]

Diese hohe Wertschätzung bricht sich mit dem Mangel an Priestern. Dabei lässt Johannes Paul II. keinen Zweifel daran, dass es sich dabei um eine schmerzliche Situation[117] „jenseits der Normalität" handelt. Deshalb müssten jene, welche fehlende Priester seelsorglich vertreten, den eucharistischen Hunger[118] der Gemeindemitglieder wachhalten.[119] Und natürlich intensiver um Priesternachwuchs beten.[120] Denn ohne Priester könne (heute) keine Gemeinde Eucharistie feiern.

Bis es wieder mehr Priester geben werde, könnten „vorläufig" sowohl Ordensleute als auch Laien „ihre Brüder und

---

116 | Gemeinsam Kirche sein, 24.

117 | Johannes Paul II.: Ecclesia de eucharistia, Rom 2003, 32.

118 | „Wenn nichtgeweihten Gläubigen aufgrund des Priestermangels eine Beteiligung an der Seelsorge einer Pfarrei anvertraut worden ist, sollten sich diese, wie das Zweite Vatikanische Konzil lehrt, darüber bewusst sein, ,dass die christliche Gemeinde nur auferbaut wird, wenn sie Wurzel und Angelpunkt in der Feier der Eucharistie hat'. Es wird daher vor allem ihre Sorge sein, in der Gemeinde einen wahren ,Hunger' nach der Eucharistie lebendig zu halten, der dazu führt, keine Gelegenheit zur Feier der Messe zu versäumen und auch von der gelegentlichen Anwesenheit eines Priesters, der vom Kirchenrecht her nicht an der Zelebration gehindert ist, Nutzen zu ziehen." Ecclesia de eucharistia, 33.

119 | „In der Tat ist die Pfarrei eine Gemeinschaft Getaufter, die ihre Identität vor allem durch die Feier des eucharistischen Opfers ausdrücken und bekräftigen." Von einer „sakramentalen Unvollständigkeit" ist die Rede. AaO. – Ähnlich die deutschen Bischöfe: „Am Sonntag ist die Eucharistie durch nichts zu ersetzen." Gemeinsam Kirche sein, 24.

120 | „Die sakramentale Unvollständigkeit derartiger Feiern muss die ganze Gemeinde vor allem drängen, mit größerem Eifer zu beten, dass der Herr Arbeiter in seine Ernte sendet (vgl. Mt 9,38). Ferner muss sie dadurch angespornt werden, all die anderen konstitutiven Elemente einer angemessenen Berufungspastoral in die Tat umzusetzen, ohne der Versuchung zu erliegen, nach Lösungen zu suchen, die eine Minderung der moralischen Kriterien und der Ausbildungsansprüche an Priesteramtskandidaten bedeuteten." Ecclesia de eucharistia, 32.

Schwestern im Gebet anleiten". Sie übten dabei „in lobenswerter Weise das gemeinsame Priestertum aller Gläubigen aus, das auf der Taufgnade" basiere. Bis dahin müssten die gläubigen Gemeinschaften und Gemeinden auf einen Priester warten. Auf die Idee, diese Wartezeit durch neue Arten des priesterlichen Amtes oder veränderte Zulassungskriterien zu verkürzen, kommt der päpstliche Verfasser nicht. Noch nicht: Denn Papst Franziskus hat in einem Interview in der deutschen Wochenzeitung DIE ZEIT angeregt, darüber in der katholischen Kirche zu sprechen[121]:

„ZEIT: Was ist mit den ‚viri probati‘, jenen ‚bewährten Männern‘, die zwar verheiratet sind, aber aufgrund ihres nach katholischen Maßstäben vorbildlich geführten Lebens zu Diakonen geweiht werden können?

Franziskus: Wir müssen darüber nachdenken, ob die viri probati eine Möglichkeit sind. Dann müssen wir auch bestimmen, welche Aufgaben sie übernehmen können, zum Beispiel in weit entlegenen Gemeinden."

Die deutschen Bischöfe werden nach ihren hymnischen Worten über die Eucharistie in depressiv gelähmter Weise pragmatisch. Dabei erhält die Bewältigung des dramatischen Priestermangels Vorrang vor der Affinität gläubiger Gemeinden zur sonntäglichen Feier der Eucharistie. Zunächst wird diese Affinität ausgedünnt und von den konkreten Gemeinden abgelöst, indem nur noch von einer Unverzichtbarkeit der Eucharistiefeier für die Kirche geredet wird. Damit signalisieren sie Mitgliedern gläubiger Gemeinschaften auf unteren Ebenen, dass es ja durchaus die Möglichkeit für sie gebe, an zentralen Eucharistieorten zu feiern. Sie müssten sich dazu lediglich auf den Weg machen. Das wird

121 | DIE ZEIT vom 8.3.2017.

irreführend mit einer Diasporasituation begründet, die es so in vielen Teilen der Kirche in Westdeutschland, in der Schweiz, in Österreich nicht gibt:

„… doch gibt es in unserem Land immer häufiger Diasporasituationen, in denen es den Gläubigen kaum mehr möglich ist, an der sonntäglichen Eucharistie teilzunehmen. Dann ist es gut, dass die Gläubigen auch dort zum Gebet zusammenkommen, wo ansonsten gar kein Gottesdienst mehr gefeiert würde. Wir danken darum allen Frauen und Männern, die dafür Sorge tragen, dass in den Kirchen, wo kein Priester mehr vor Ort ist, das Gotteslob weiter erklingt."

In dieser Passage wird eine seltsame Widersprüchlichkeit sichtbar. Einerseits sehen die Bischöfe eine Diasporasituation vorher. Eine solche mag durchaus im Kommen sein oder in manchen Gebieten Europas schon bestehen. Zugleich gehen aber die Bischöfe selbstverständlich davon aus, dass Gläubige sonntags zum Gebet zusammenkommen.

Es fehlt also nicht an gläubigen Gemeinschaften und Gemeinden, sondern an priesterlich Vorstehenden für die Eucharistiefeier. Der Ausfall der sonntäglichen Eucharistiefeiern wird daher in solchen Fällen zu Unrecht dem von manchen Bischöfen so benannten „Gläubigenmangel" angerechnet, nicht dem Priestermangel.

Diese „Nichtlösung" ist theologisch wie kirchenrechtlich nicht zwingend. Sie könnte tragischerweise dazu beitragen, dass die Ausweitung der Diasporasituation durch sie beschleunigt wird. Eine „Selbstentkirchlichung" ist im Gang.

Mit den Ergebnissen der Wiener Studie lässt sich hinsichtlich räumlicher Verortung der Feier der Eucharistie ein differenziertes Bild zeichnen. In dieser Umfrage[122] wurden die betroffenen Gemeindemitglieder befragt, was geschehen werde, wenn es sonntags eine Eucharistiefeier in einem anderen Ort und in der eigenen Gemeinde eine Wortgottesfeier geben werde. So sieht das Ergebnis aus.

Gottesdienstkultur

Mit der Vergrößerung der pastoralen Räume wird sich aus der Sicht der Kirchenmitglieder die Gottesdienstkultur nachhaltig verändern. Dabei wird angenommen, dass die Zahl der Kirchgänger weiter abnehmen und die Zahl der Priester, die der Feier der Eucharistie vorstehen können, nach wie vor rasch schrumpfen wird.

Wortgottesfeiern

Die Auflösung von Pfarreien soll aber, so die Verantwortlichen, nicht zum Sterben der gewachsenen lokalen gläubigen Gemeinschaften führen. Zu deren Lebensvollzug zählt jedoch neben der handfesten Diakonie auch das sonntägliche Zusammenkommen zum Lobpreis, also zur Liturgie. Zur Leitung der lokalen Kommunitäten durch Laien gehört dann auch die Leitung lokaler Sonntagsgottesdienste als Wortgottesfeiern.

Es wird zwar in den nächsten Jahren weiterhin Eucharistiefeiern auch in den Filialgemeinden geben: solange älter werdende Priester verfügbar sind und die Akquisition ausländischer Priester aus Europa oder Übersee erfolgreich ist.

122| Bericht zur Umfrage zu den Leitlinien Apg 2,1 der Erzdiözese Wien, Wien 2012, 41.

Aber längerfristig scheinen die Wiener Leitlinien davon aus-
zugehen, dass es die Eucharistiefeier nur noch in der „Pfarre
neu" geben wird, also in jener Kirche, bei der sich der Wohn-
ort des Pfarrers befindet. In den Filialgemeinden werden
sonntags Wortgottesfeiern der Normalfall werden.

Verlust der sonntäglichen Eucharistiefeier

Der Verlust der sonntäglichen Eucharistiefeier gehört zu den
heftig umstrittenen Teilthemen der Leitlinien der Erzdiözese
Wien. Die Menschen haben offensichtlich mehr Wertschätzung der Sonntagsmesse, als weithin kritisch angenommen
wird.

- Christliches Leben wird eng mit der Feier der Eucharistie
  verknüpft. Dass das nicht der Fall ist, glauben 10% der
  Befürworter und 4% der Widerständigen. Lediglich unter
  den Verhandlungsbereiten ist jeder Vierte dieser Ansicht.
- Dass die Feier der Eucharistie von vielen für zu wichtig
  gehalten wird, sehen von dieser Mittelgruppe 36% so.
  Unter den Widerständigen sind es nur 10%. Sie sind unter
  allen Befragten die entschiedenen Anwälte der lokalen
  Sonntagsmesse.
- Nahezu lückenlos betonen 96% von ihnen, dass die Sonntagsmesse in die gläubige Gemeinde vor Ort gehöre. Es
  überrascht, dass auch 74% der Befürworter der Reform
  diese Position vertreten.

Weil den Widerständigen die Feier der Eucharistie derart
wichtig ist, rechnen sie (besorgt oder zuversichtlich) damit,
dass sich gläubige Gemeinschaften finden werden, die auch
ohne Priester Eucharistie feiern: eine Praxis, die liturgiege-
schichtlich nicht fremd, aber pastoral nicht erwünscht und

rechtlich unzulässig[123] ist. Diese Sorge teilt jeder Dritte auch unter den Befürwortenden (31%).

„Vielleicht werden sich die Gemeinden mehr auf die Füße stellen und die Gottesdienste ohne Priester zu feiern beginnen." [60–69-jähriger Mann]

Von Befürwortern wird für die Zentraleucharistie ins Feld geführt, sie werde eine bessere Qualität haben. Dieses Argument gilt aber als nicht sehr tragfähig, es wird von den Widerständigen überhaupt nicht geteilt und auch von der großen Mehrheit der Befürwortenden nicht unterstützt. Die Qualität der Messe hängt von vielen anderen Faktoren ab und wird durch deren Zentralisierung allein nicht gewinnen.

„Größere Vielfalt bei Predigten, wenn regelmäßig mehrere Priester sich in Sonntagsmessen der Teilgemeinden abwechseln." [50–59-jähriger Mann]

---

123 | „... Die Gemeinde, die zur Feier der Eucharistie zusammenkommt, benötigt unbedingt einen geweihten Priester, der ihr vorsteht, um wirklich eucharistische Versammlung sein zu können. Auf der anderen Seite ist die Gemeinde nicht in der Lage, sich selbst den geweihten Amtsträger zu geben. Dieser ist eine Gabe, die sie durch die auf die Apostel zurückgehende Sukzession der Bischöfe empfängt. Es ist der Bischof, der mittels des Weihesakramentes einen neuen Priester einsetzt und ihm die Vollmacht überträgt, die Eucharistie zu konsekrieren. Daher kann das eucharistische Geheimnis in keiner Gemeinde gefeiert werden, es sei denn durch die Hände eines geweihten Priesters, wie das Vierte Laterankonzil ausdrücklich gelehrt hat." Johannes Paul II., Ecclesia de eucharistia, 22.

Abbildung 9: Gottesdienstkultur

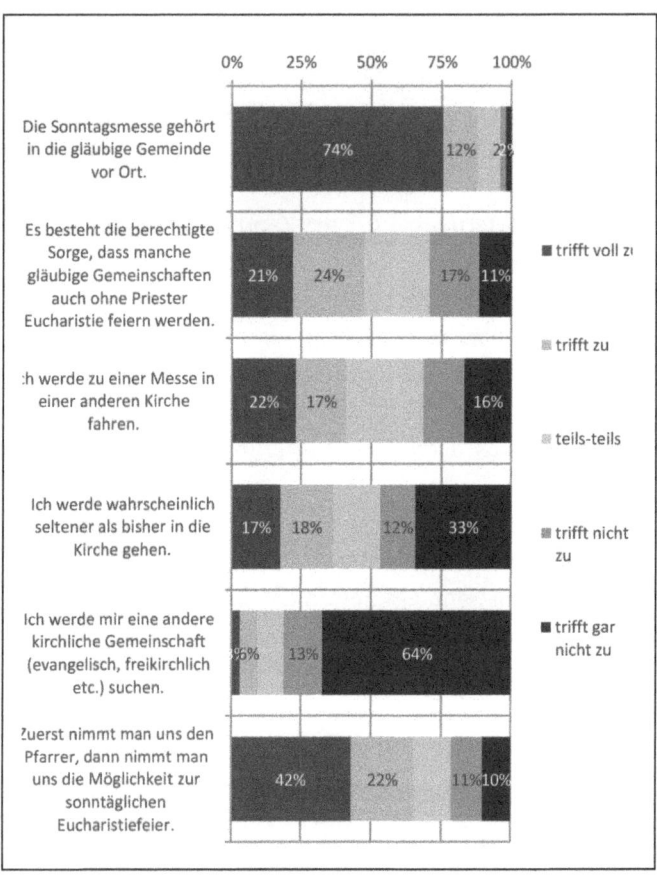

Wien 2012

Die Daten lassen erahnen, wie sich die allmähliche Zentralisierung der Eucharistiefeiern auswirken könnte.

Vor allem die Mittelgruppe rechnet damit, dass sich die Gemeinden an die Wortgottesfeiern gewöhnen und die Feier der Sonntagsmesse immer weniger vermissen werden. 51%

bejahen diese Annahme; unter den Befürwortenden sind es 30%, unter den Widerständigen 12%.

„Längerfristig werden die Grenzen zwischen Wortgottesdiensten und Eucharistiefeiern immer mehr verschwimmen." [Frau]

„Schlechter: Zu viele Wortgottesdienste, Bedeutung der Eucharistie geschwächt." [40–49-jähriger Mann]

Von den Letzteren sehen auch lediglich 8% in den Wortgottesfeiern am Sonntag einen vollen Ersatz für die Eucharistie. In der Mittelgruppe sind es 56%.

„Die momentane Reform ist für mich einzig und allein eine rein wirtschaftliche und hat nicht viel mit Seelsorge zu tun. Je mehr Pfarren ein Priester zu betreuen hat, desto weniger die Seelsorge, wenn nicht dafür gesorgt wird, dass verantwortliche Frauen und Männer diese Aufgabe vor Ort übernehmen können und vor allem DÜRFEN. Eucharistiefeiern wird es meiner Meinung dann trotzdem geben, der Ritus wird irgendwann verschwimmen zwischen Wortgottesdienst – Wortgottesdienst mit Kommunionspendung und Eucharistiefeier und das ist gut so, denn wo zwei oder drei in Seinem Namen versammelt sind, da ist ER mitten unter ihnen." [50–59-jähriger Mann]

Wir haben uns erkundigt, was die zum Gottesdienst bereiten Menschen zu tun beabsichtigen: Feiern sie in der lokalen Gemeinde den Sonntags-Wortgottesdienst mit? Werden sie in die Eucharistiefeiern aus der Gemeinde auspendeln? Oder bleiben sie gar ganz weg?

„Die Reduktion der Messen wird zu einem Rückgang der Gottesdienstbesucher führen (‚wenn nur ein Wortgottesdienst ist, gehe ich nicht‘).“ [40–49-jähriger Mann]

Zwei Dritteln der Befürworter der Reform (zu der längerfristig die Zentralisierung der Eucharistiefeiern gehört) ist die Eucharistiefeier derart wichtig, dass sie in eine andere Kirche fahren würden. Auch unter den Widerständigen würde dies ein Drittel machen. Und das nicht immer allein, weil für sie die Sonntagsmesse „heilig“, sondern weil sie die „ars celebrandi“ eines Priesters oder eines Liturgiekreises in der eigenen Pfarre nicht aushalten.

„Der Einzelne geht bewusster zur Sonntagsmesse – muss einen evtl. weiteren Weg ‚auf sich nehmen‘ – schlechter: durch mangelndes Engagement ‚sterben‘ Kirchengemeinden völlig aus.“ [50–59-jährige Frau]

„Die Kirche täte gut daran, sich die Meinungen der Pfarrerinitiative rund um Dr. Schüller mal genauer anzusehen, doch die Angst, dass sie dadurch an Macht verlieren, ist viel zu groß! Meine persönliche Erfahrung mit dem eigentlichen Pfarrer meiner Pfarre war derart schlimm und einschüchternd, dass ich seitdem nicht mehr die Messe in meiner eigentlichen Pfarre feiere, sondern gelegentlich in einer anderen Pfarre (dieser Priester ist Teil der Pfarrerinitiative rund um Dr. Schüller) und dieser strahlt eine derartige Umsicht, Ruhe und ein echtes Mitgefühl aus, dass man sich dort trotz der längeren Anfahrt so wohl fühlt, dass ich mich in meiner Pfarre nicht mehr mit den herrschenden Zuständen zufrieden geben will. Und viele denken schon wie ich. Ich wünsche den Mitgliedern der

Pfarrerinitiative viel Kraft und Ausdauer!!!" [30–39-jährige Frau]

Die stärkste Orientierung an der lokalen Gemeinde hat die Wortgottesfreundliche Mittelgruppe.

„Eine Entwicklung, die von der Kirchenleitung so nicht gewollt ist, die ich aber als sehr positiv ansehe, ist, dass ich denke, die Gemeinden werden eigenständiger werden und sich immer weniger an Vorgaben z.B. bezüglich Gottesdienstleitung durch Laien halten. Längerfristig werden die Grenzen zwischen Wortgottesdiensten und Eucharistiefeiern immer mehr verschwimmen." [ohne Angabe]

Von den Widerständigen wiederum sagen 46%, sie würden wohl seltener zur Kirche gehen. Unter den Befürwortern nehmen das 17% an.

„Ich wohne in einem kleinen Dorf im Weinviertel und kann für unsere Region keine Verbesserung erhoffen. Wenn es Sonntagsmessen nur mehr in der nächsten größeren Pfarre gibt, wird es schwer, diese zu besuchen, da die Entfernung groß (mehr als 3 km) sein wird und am Sonntag keine öffentlichen Verkehrsmittel fahren. Zurzeit haben wir abwechselnd einen Sonntag hl. Messe und einen Sonntag Wortgottesdienst. Dorfgemeinde ist bei uns gleich Pfarrgemeinde. Wir sind im Pfarrverband mit 2 Nachbarpfarren und obwohl es gelingt, manche Aktivitäten gemeinsam zu gestalten, könnte ich mir nicht vorstellen, dass es gelingen würde, unsere drei Pfarren zu einer zusammenzulegen, noch weniger kann ich mir vorstellen, dass wir z. B. zu einer Großpfarre Mistelbach gehören. Die Entfernung ist zu groß und das Zusammengehörigkeitsgefühl ginge verloren. In der Stadt ist die Situation sicher eine ganz andere, die Entfernungen sind kleiner und das Zusammengehörigkeitsgefühl der Menschen ist ein ganz anderes. Bei der Gemeindeleitung durch Laien hege ich die Befürchtung, dass sich Leute um Ämter bewerben, für die sie eigentlich nicht geeignet sind – ich sehe das jetzt schon bei Wortgottesdienstleitern(innen) und Pastoralassistenten(innen) – es müsste eine gute Schulung und noch bessere Auswahl erfolgen. Dass Priester zukünftig in erzwungenen Gemeinschaften leben sollen, finde ich auch nicht für eine gute Idee, denn wenn sich der Priester in der Gemeinschaft nicht wohlfühlt, wird sich das negativ auf seine Arbeit auswirken." [50–59-jährige Frau]

Die Leidtragenden sind Ältere und Kinder

Nicht wenige Befragte sind der Ansicht, dass viele in eine weiter entfernte Sonntagsmesse, auch wenn sie möchten, nicht gehen können. Das betreffe Leute ohne Auto und öffentliche Verkehrsmittel, Familien mit kleinen Kindern, gebrechliche Menschen.

„Es sind die Gläubigen dann nicht nur gefordert, während der Woche auszupendeln, sondern zusätzlich noch am Sonntag, und ältere und gebrechlichere Menschen, die ihren Rückhalt im Leben auch zu einem Teil in der Sonntagsmesse sehen, werden einfach nicht mehr die Möglichkeit haben, an der Messe in der Gemeinschaft teilzunehmen." [40–49-jähriger Mann]

„Die Verantwortlichen in der ED erhoffen sich eine bessere Verteilung der vorhandenen Priester auf die Gläubigen. Die

Begleiterscheinungen dieser Reform werden jedoch mit größter Wahrscheinlichkeit negative Folgen zeitigen. Von den Gläubigen jener Pfarren, die nicht Zentrumspfarre sind, wird erwartet, dass sie zu den Messfeiern in die Zentrumspfarre kommen, d.h. dem Priester folgen. Dies ist unrealistisch, insbesondere bei jenen, die nicht mehr mobil sind. Die Gläubigen ziehen ohne Zweifel das Verbleiben in ihren Heimatpfarren und die Teilnahme an einer Wortgottesfeier mit Kommunionspendung vor (wie schon bisher bei Priesterausfall). Dies ist jedoch dem Vernehmen nach keineswegs im Sinne der Reform. Ein weiterer gravierender Nachteil ergibt sich für die bisherigen Pfarrer. Ein Pfarrer lebt mit und durch seine Pfarre, hat im Idealfall ein dichtes soziales Netz, das ihn trägt. Wenn er nur mehr im Team an wechselnden Orten eingesetzt wird, fällt dies weg, er wird ‚heimatlos'." [60–69-jähriger Mann]

Tabelle 12: Wortgottesfeiern

	Befür-worter	Verhand-lungs-bereite	Wider-ständige
Unsere Gemeinden werden sich an gute Wortgottesfeiern gewöhnen und die Feier der Eucharistie immer weniger vermissen.	30%	51%	12%
Wortgottesfeiern am Sonntag sind für mich ein voller Ersatz für die Feier der Eucharistie.	25%	56%	8%
Ich werde wahrscheinlich seltener als bisher in die Kirche gehen.	17%	38%	46%
Ich werde zu einer Messe in einer anderen Kirche fahren.	66%	27%	32%

Skalenwert 1 = trifft voll zu auf einer fünfteiligen Skala. UMFRAGE ED Wien 2012

Was im Zuge solcher Transformation der Gottesdienstkultur mit den lokalen Gemeinden geschehen könnte, wird in den Antworten zu den offenen Fragen so beschrieben:

„Die Eucharistiefeier in der Großpfarre stellt eine Konkurrenz zum Wortgottesdienst dar; diese Gemeinden werden kleiner und drohen unter eine ‚kritische Masse' zu fallen. Außerdem konterkariert diese Tatsache den Gemeindebegriff." [über 70-jähriger Mann]

„Diese Menschen, aus denen ein Großteil der Messbesucher besteht, sind sicher nicht in der Lage, in eine zentrale Kirche zu fahren. Meine Erfahrung hat gezeigt, dass es manche Menschen gibt, die von vornherein einen Wortgottesdienst ablehnen und stattdessen lieber gar nicht kommen, wenn es einen Sonntag keine Messe gibt. Dann gehen sie eben an diesem Wochenende nicht in die Kirche. Daher ist es absolut keine Option, in den Filialkirchen nur noch oder hauptsächlich Wortgottesdienst einführen zu wollen." [unter 29-jährige Frau]

„Durch ‚mir san mir'-Mentalität Ablehnung, Gläubigenschwund. ‚Wenn wir jetzt keinen eigenen Pfarrer mehr haben und bei uns keine Sonntagsmesse, brauchen wir gar nicht mehr hinzugehen!' Proteste, innere Emigration – Verlust einer gewissen Identität, ähnlich gehabt bei Gemeindezusammenlegungen 1970/71 und Schulzusammenlegungen. Aus lebenden Orten werden ‚Schlaforte', die es teilweise schon gibt. Als Identifikationspunkt bleibt dann wirklich nur noch die Freiw. Feuerwehr übrig (nicht negativ gemeint, im Gegenteil)." [60–69-jähriger Mann]

(Un)Umstrittenes

In der derzeitigen Fachdiskussion um die künftigen Kirchenstrukturen tauchen immer wieder einige Begriffe auf, um welche engagiert gerungen wird. Dazu zählen: Gemeinde und Gemeindetheologie, Vernetzung, Heimat und Beheimatung. Diesen wichtigen Hintergrundthemen wird man nur durch behutsame Differenzierung gerecht. Die folgenden Ausführungen dienen solcher Grundlagenreflexion.

Unverbrauchte Gemeindetheologie

In einem Beitrag in der Furche just zu den Pfarrgemeinderatswahlen in Österreich am 19.3.2017[124] vermerkte der Grazer Pastoraltheologe Rainer Bucher, dass die Gemeindetheologie der Siebzigerjahre überholt sei. Es war Ferdinand Klostermann (1907–1982), der diese, von der evangelischen Praktischen Theologie und dem Zweiten Vatikanischen Konzil inspiriert, in die katholische Pastoraltheologie aufnahm. Sie prägte dann auch das Zweite Vatikanische Konzil sowie die nachfolgenden Synoden in der ganzen Weltkirche. Gemeindlichkeit wird von Exegeten und von den Praktikern der Kirche erwartet. Die lateinamerikanischen Theologien der Befreiung wären ohne die Basisgemeinden nicht denkbar.

---

124 | Die FURCHE vom 1.3.2017, 3. – Dazu auch Bucher, Rainer: Von der Gemeindezentrierung zum Netzwerkkonzept, in: … wenn nichts bleibt, wie es war. Zur prekären Zukunft der katholischen Kirche, Würzburg ²2012, 186–199.

Buchers Beitrag ist übertitelt mit „Erfahrungsorte für die
‚eigene Religion'". Und als Untertitel: „Die persönlichen Geschmäcker in Bezug auf Religion haben sich in den letzten
Jahrzehnten massiv verändert."

Für Bucher hat die Gemeindetheologie deshalb ausgedient, weil sie gefordert habe, dass „Pfarreien zu Gemeinden" werden. Das mag, so räumt er zunächst ein, rückbli-
ckend als Reaktion auf eine klerikale Priesterkirche
verständlich sein. Doch widerspreche ein solches Programm
heute erstens der inzwischen weiter angewachsenen Indivi-
dualisierung der Religion, bei der „religiöse Geschmäcker"
zählen. Zudem sei zweitens die Gemeindetheologie auf die
Pfarrei fixiert. Kirchliches Leben aber ereigne sich nicht nur
in Pfarreien, sondern an anderen Orten, „Andersorten",
„Heterotopien".[125]

Kirche ereignet sich in Gemeinden, erschöpft sich aber nicht in diesen

Beim zweiten Punkt ist Rainer Bucher schlicht recht zu
geben: Christliches Leben ereignet sich nicht nur in Pfarrgemeinden. Nur ist nicht ganz einsichtig, was an dieser
Erkenntnis neu ist. 1989 formulierte ich in meiner Pastoraltheologie ganz im gemeindetheologischen Kontext: „Kirche
ereignet sich in Gemeinden, erschöpft sich aber nicht in
diesen."[126] Rainer Bucher verweist – wiederum ganz zu

125 | Ebertz, Michael N.: Neue Orte braucht die Volkskirche. Lebenszusam-
menhänge wahrnehmen – Kirche differenzierter gestalten, in: Kirchliche
Strukturen im Plural: Analysen, Visionen und Modelle aus der Praxis,
2004, 101–112. – Ders.: Erosion der Gnadenanstalt?, Frankfurt am Main
1998. – Ders.: Kirche im Gegenwind, Freiburg im Breisgau u.a. 1998.
126 | Zulehner, Paul M.: Gemeindepastoral. Orte kirchlicher Praxis, Düssel-
dorf 1989. – Haslinger, Herbert: Gemeinde – Lebensort für alle, Düssel-

Recht – auf die Bereiche Diakonie und Bildung und meint wohl damit, ohne sie ausdrücklich zu nennen, Krankenhäuser, Hospize, Kindergärten, Pflegeheime, Privatschulen, Religionsunterricht, Bildungswerke, Akademien. Erstaunlicherweise vergisst er – wie viele im Rahmen der Strukturreformen – die vielfältigen Ordensgemeinschaften mit ihren unzähligen Gemeinschaften und Einrichtungen: Auch diese sind Kirche, vielleicht sogar ein Ernstfall von Kirche unter vielen anderen. Unerwähnt bleiben zudem überraschenderweise die in der Kirche in Deutschland so wichtigen Verbände oder in Österreich die Katholische Aktion und ihre Einrichtungen. Die stärkste Frauenorganisation in Österreich ist die Katholische Frauenbewegung: auch sie ist „Kirche pur". Dazu kommen die vielen medialen Einrichtungen und Vorgänge, an denen die christlichen Kirchen beteiligt sind. Auch der Blick auf die in Österreich reiche Ökumene unterbleibt.

Bei der jüngeren Generation der PastoraltheologInnen fällt auf, dass in ihren Beiträgen zur Strukturreform diese geschichtlich gewachsene reiche Vielfalt der Kirche und ihrer Einrichtungen und Strukturen fremd zu sein scheint. Der Reichtum der sogenannten „kategorialen" Seelsorge wird zumeist nicht in den Blick genommen. Dass sich die herkömmliche Pastoral und ihre fachliche theologische Reflexion lediglich auf die „territoriale" Pfarrei konzentriert habe, die zur Gemeinde umgeformt werden müsse, stimmt so schlicht nicht. Eine Engführung der Pastoral auf die Gemeinde gerade Ferdinand Klostermann (wenngleich als Verdienst) vorzuhalten, ist auch deshalb unangebracht, weil die-

dorf 2005. – Ders.: Gemeinde – Kirche am Ort: Impulse des Zweiten Vatikanischen Konzils, Paderborn 2015.

ser ein starker Anwalt der Katholischen Aktion war.[127] Auch hat er einen dumpfen „Parochialismus" stets als enges Kirchturmdenken wortstark gebrandmarkt.

Dass Rainer Bucher mit vielen anderen gegen die Gemeindetheologie zu Feld zieht, hat wohl einen tieferen Grund. Er begründet seine Verwerfung just mit jener Position, gegen welche die Gemeindetheologie angetreten ist: einen gänzlich unbiblischen religiösen Individualismus. Hauptvertreter eines solchen religiösen Individualismus war Adolf von Harnack (1851–1913).[128] Diesem schwebte ein individualistisches Heilskonzept vor, das letztlich ohne kirchliche Gemeinschaft auskam. Rainer Bucher umschreibt genau dieses mit dem wohlklingenden Begriff der „religiösen Geschmäcker".

Für die Pastoraltheologie wäre es hilfreich, theologisch tiefer zu graben. Anleihen bei noch so guten Autoren wie Michel Foucault und seine durchaus bedenkenswerten[129] Ansichten über die „kirchliche Pastoralmacht"[130] reichen nicht aus, um die Kirche oder den Auftrag einer Pfarrei heute zu erahnen. Das individualistische westliche Konzept ist zu aristotelisch.[131] Zu wenig wird bedacht, dass ein Mensch – wie auch Gott – nicht zuerst Substanz ist, sondern Bezogenheit. Wie Gott ist auch der Mensch nur in Bezie-

127 | Klostermann, Ferdinand: Katholische Aktion nach Vatikanum II., in: Der Seelsorger: Zweimonatsschrift für Praxis und Theorie des kirchlichen Dienstes 36 (1966). – Klostermann, Ferdinand: Das organisierte Apostolat der Laien und die katholische Aktion. Ein Beitrag zur Entwicklungsgeschichte, in: Kirche in Österreich 1918–1965, Wien 1967.

128 | Diese Auseinandersetzung findet sich pointiert beschrieben in: Lohfink, Gerhard: Wie hat Jesus Gemeinde gewollt?, Freiburg 1982.

129 | Gottes und des Menschen Tod. Die Theologie vor der Herausforderung Michel Foucaults, hg. v. Christian Bauer u.a., Mainz 2003.

130 | Bucher, Rainer: ... wenn nichts bleibt, 189f.

131 | Rohr, Richard/Morrell, Mike: The divine dance. The Trinity and Your Transformation, New Kensington 2016, 44–47.

hung Mensch: eben als Liebender. Gott und den Nächsten zu lieben, ist daher das Grundkonzept der Menschwerdung. Wo das aber geschieht, ist Gemeinschaft. Und genau dies für die Welt in Erinnerung zu halten, vorzuleben und auch zu überwinden, was uns daran hindert, Liebende zu werden, das ist der Grundauftrag der Kirche. Kirche ist so besehen Communio, Koinonia. Deshalb ist auch das Urereignis der Kirche die Kommunion, in der wir uns den Leib Christi (seine auf uns bezogene und sich für uns hingebende Liebe) „einverleiben" und so „sein Leib" werden, „hingegeben für das Leben der Welt". Wir werden so einbezogen in den „Divine Dance", den trinitarischen Tanz der göttlichen Liebe. Sie ist es, die uns untereinander eint. Und genau dafür steht die Kirche mit all ihrem Tun, dafür ist sie „Sakrament", also Zeichen und Werkzeug (Lumen gentium 1).

Nun kann man es durchaus als religionsdiakonalen Dienst der Kirche ansehen, religiös suchenden Menschen auf dem weltanschaulichen Markt professionelle und daher maßgeschneiderte, milieugerechte Angebote zu machen, um so den verschiedenen „religiösen Geschmäckern" Befriedigung zu verschaffen. Dann kann man in der Wiener Augustinerkirche für das Bildungsbürgertum Messen mit klassischer Musik aufführen. In Bildungshäusern kann frau feministische Rituale erleben. In Jugendkirchen wird in den Gottesdiensten jugendgemäße Musik gespielt. Und wenn der „religiöse Geschmack" in esoterische Richtungen geht, kann es auch dafür in kirchlichen Räumen „Angebote" geben, von Yoga bis zu Ikebana. Gegen all das ist nichts einzuwenden. Warum sollte das eine marktförmige Kirche nicht tun? Es wäre ein plausibler Schritt von der Macht zum Markt.

Dennoch: Die Hauptaufgabe der Kirche ist nicht die Befriedigung „religiöser Geschmäcker". Vielmehr geht es um einen Dienst an der Einung der Menschen – mit Gott und untereinander (Lumen gentium 1). Und dies in einer Welt, die sich globalisiert und zugleich zerrissen ist. Die Berufung einer christlichen Kirche, so zumindest das Zweite Vatikanische Konzil in „Lumen gentium" und „Gaudium et spes", bestehe darin, zur Einung der Menschen zuallererst dadurch beizutragen, dass sich die ihr „hinzugefügten" (Apg 2,47) Menschen mit Gott und damit untereinander in Gemeinschaften einen lassen. Die Gemeinschaften der Kirche entstehen nicht durch moralische Appelle oder politische Projekte, sondern indem sie als Gottverwandte geeint miteinander leben. Das macht die kirchlichen Gemeinschaften zu einem Ferment der Einheit der Menschheit, zu deren „Zeichen und Werkzeug", zu deren Sakrament. So kann man auch den mystischen Satz von Benedikt XVI. auf dem Weltjugendtag in Köln im Jahr 2005 zur Feier der Eucharistie verstehen, dass in jeder Eucharistiefeier „Weltverwandlung" geschieht:

„Diese erste grundlegende Verwandlung [im Tod Jesu am Kreuz hinein in die Auferstehung] von Gewalt in Liebe, von Tod in Leben zieht dann die weiteren Verwandlungen nach sich.

Brot und Wein werden sein Leib und sein Blut.

Aber an dieser Stelle darf die Verwandlung nicht haltmachen, hier muss sie erst vollends beginnen. Leib und Blut Jesu Christi werden uns gegeben, damit wir verwandelt werden. Wir selber sollen Leib Christi werden, blutsverwandt mit ihm. Wir essen alle das eine Brot. Das aber heißt: Wir werden untereinander eins gemacht. Anbetung wird, so sagten wir, Vereinigung. Gott ist nicht mehr bloß uns gegenüber der ganz Andere. Er ist in uns selbst und wir in ihm.

Seine Dynamik durchdringt uns und will von uns auf die anderen und auf die Welt im Ganzen übergreifen, dass seine Liebe wirklich das beherrschende Maß der Welt werde."

Daher argumentierten Bibliker und in ihrem Gefolge Pastoraltheologen wie Ferdinand Klostermann,[132] dass die Grunddynamik des Christlichen nicht das Erlangen des Heils im individualistischen Modus ist. Vielmehr gehe es darum, dass schon jetzt in gläubigen Gemeinschaften Spuren einer in der Tiefe Gottes geeinten Menschheit wachsen. Dann ist schon jetzt eine Spur des ausstehenden „Himmels zwischen uns" (Klaus Hemmerle[133]). Die Gemeindetheologie Klostermanns knüpft somit an der Idee der „christlichen Brüderlichkeit"[134] an, die von allem Anfang an[135] bis in die Mitte des vierten Jahrhunderts die Christenheit geprägt hatte. Leitend wurde der Spruch von Tertullian: „Unus christianus, nullus christianus." – „Ein Christ ist noch kein Christ." Damit ist auch klar: Der Gemeindetheologie geht es nicht um eine Fixierung auf die Pfarrei. Vielmehr liegt ihr daran, dass die ekklesiologische Vision des Konzils die ganze Kirche erneuert – damit natürlich auch die Pfarrei. Aber eben nicht nur diese, sondern auch die Orden, die Katholische Aktion, die verschiedenen kategorialen Einrichtungen, die Diakonie usw.

In ihrem Schreiben von 2015 „Gemeinsam Kirche sein" greifen die deutschen Bischöfe diesen konziliaren Faden auf. Dabei betonen sie, dass dieses „gemeinsam" in der Feier der Eucharistie in der gläubigen Gemeinschaft grundgelegt ist.

132| Klostermann, Ferdinand: Die Gemeinde Christi. Prinzipien, Dienste, Formen, Augsburg 1972.

133| Hemmerle, Klaus: Der Himmel ist zwischen uns, München, Zürich, Wien 1977.

134| Ratzinger, Joseph: Die christliche Brüderlichkeit, München 1960.

135| Venetz, Hermann-Josef: So fing es mit der Kirche an, Zürich 1981.

Die je einmalige Berufung des Einzelnen wird darin ein Teil der Berufung der konkreten Gemeinschaft und durch sie der ganzen Kirche:

„Der je persönliche Berufungsweg der einzelnen Christen wird durch die Eucharistie zu einem gemeinsamen Weg mit den anderen Glaubenden und mit der ganzen Kirche. Keiner kann allein den Weg des Glaubens gehen. Keiner kann ohne seine wirkliche Einbeziehung in die Gemeinschaft mit den anderen seine Charismen entdecken und entfalten. Keiner kann schließlich allein das Geschenk seiner Taufe bewahren und ganz einlösen und so zum vollendeten Gottesreich gelangen."[136]

Auch Papst Franziskus ruft in seiner „Regierungserklärung" „Evangelii gaudium" zu einer solchen Reform der Pfarreien[137] auf, ohne daneben die anderen Formen von Gemeinschaften wie die Basisgemeinden zu übersehen. Hier die einschlägige Passage, welche jenen, die den Pfarreien keine Zukunftschancen einräumen, zu denken geben könnte:

„28. Die Pfarrei ist keine hinfällige Struktur; gerade weil sie eine große Formbarkeit besitzt, kann sie ganz verschiedene Formen annehmen, die die innere Beweglichkeit und die missionarische Kreativität des Pfarrers und der Gemeinde erfordern. Obwohl sie sicherlich nicht die einzige evangelisierende Einrichtung ist, wird sie, wenn sie fähig ist, sich ständig zu erneuern und anzupassen, weiterhin ‚die Kirche [sein], die inmitten der Häuser ihrer Söhne und Töchter lebt'.[138] Das setzt voraus, dass sie wirklich in Kon-

---

136 | Die deutschen Bischöfe: Gemeinsam Kirche sein, Bonn 2015, 24.
137 | Ähnlich auch Haslinger, Herbert: Lebensort für alle. Gemeinde neu verstehen, Düsseldorf 2005.
138 | Johannes Paul II.: Nachsynodales Apostolisches Schreiben Christi fideles laici (30. Dezember 1988), 26: AAS 81 (1989), 438.

takt mit den Familien und dem Leben des Volkes steht und nicht eine weitschweifige, von den Leuten getrennte Struktur oder eine Gruppe von Auserwählten wird, die sich selbst betrachten. Die Pfarrei ist eine kirchliche Präsenz im Territorium, ein Bereich des Hörens des Wortes Gottes, des Wachstums des christlichen Lebens, des Dialogs, der Verkündigung, der großherzigen Nächstenliebe, der Anbetung und der liturgischen Feier.[139] Durch all ihre Aktivitäten ermutigt und formt die Pfarrei ihre Mitglieder, damit sie aktiv Handelnde in der Evangelisierung sind.[140] Sie ist eine Gemeinde der Gemeinschaft, ein Heiligtum, wo die Durstigen zum Trinken kommen, um ihren Weg fortzusetzen, und ein Zentrum ständiger missionarischer Aussendung. Wir müssen jedoch zugeben, dass der Aufruf zur Überprüfung und zur Erneuerung der Pfarreien noch nicht genügend gefruchtet hat, damit sie noch näher bei den Menschen sind, Bereiche lebendiger Gemeinschaft und Teilnahme bilden und sich völlig auf die Mission ausrichten."

Diese Passage aus Evangelii gaudium ist Gemeindetheologie pur. Sie ist zugleich ausgereifte Theologie der lateinamerikanischen Basisgemeinden. Beide Theologien hatten in ihren katholischen Anfängen auf eine Umformung der Pfarreien mit Tiefgang in Gemeinschaften des Evangeliums im Sinn des Konzils gezielt. Gottesverwurzelung (Mystik), Geschwisterlichkeit (Koinonia) und Menschenentfesselung (Diakonia)[141] sollten ihre Merkmale sein.

Der Papst ist nicht der Ansicht, dass dieses Programm überholt sei. Vielmehr habe der Aufruf zur Erneuerung

---

139 | Vgl. Propositio der Familiensynode 2016, 26.
140 | Vgl. Propositio 44.
141 | Diese drei Leitbegriffe kommen aus der Weizer Pfingstvision und sind in deren Liedgut eingegangen.

„noch nicht genügend gefruchtet". Er mutet den Pfarreien ein Mehr an Gemeinschaft, Menschennähe, Mission zu.[142]

Bei solcher Erneuerung sieht er die Pfarreien nicht allein. Der Papst würdigt sehr wohl die anderen nichtpfarrlichen Gemeinschaften und Gemeindeformen als Reichtum der Kirche. Er bescheinigt vor allem den neueren Gruppierungen wahrhaften evangelisatorischen Eifer. Er hält sie für kompetent im Dialog mit der Welt und wichtig für die Erneuerung der Kirche. Zugleich aber ordnet der Papst sie den Pfarreien zu: Sie haben eine Pflicht zur Integration (Vernetzung heißt dies hierzulande) in die organische Seelsorge der Teilkirchen.

In dieser Frage hatte es unter Papst Johannes Paul II. eine Auseinandersetzung zwischen führenden Ortsbischöfen (wie Kardinal Carlo Maria Martini[143]) und vatikanischen Stellen gegeben. Diese hatten die neuen geistlichen Bewegungen anstelle der Pfarrgemeinden sowie der alten Orden favorisiert und dabei erheblichen Widerspruch aus den Ortskirchen geerntet. Die Vorliebe von Papst Johannes Paul II. für die Movimenti hatte einen Grund darin, dass sich diese dem Einfluss der Bischöfe dadurch zu entziehen trachteten, dass sie sich Rom-unmittelbar verstehen und viele von ihnen auch päpstlichen Rechts sind. Papst Franziskus be-

---

142 | Dazu auch: Hartmann, Isabel/Knieling, Reiner: Gemeinde neu denken, Gütersloh 2014.

143 | Wenige Ortsbischöfe, wie der Wiener Erzbischof Kardinal Christoph Schönborn, teilten diese Vorliebe von Johannes Paul II. für Movimenti. Er vertraute der Bewegung Emmanuel nicht nur die Großstadtmission an, ermöglichte dem Leiter der Bewegung einen Vortrag vor Kardinälen unter Benedikt XVI. über die Laien, in dem die Pfarreien zugunsten der Movimenti massiv relativiert wurden. Auch die Diözesanreform in Wien erfolgt unter nachhaltiger Mitgestaltung der Bewegung Emmanuel, und dies an tragenden Gestalten des Diözesanklerus vorbei, der in der sogenannten Steuerungsgruppe nur schwach vertreten ist.

zieht Position zugunsten der Großzahl der Ortsbischöfe und deren Bevorzugung der diözesanen Strukturen der Seelsorge. Er verlangt ganz im Sinn der Ortsbischöfe von den neueren Gemeinschaften und Einrichtungen die Bereitschaft zur Integration:

„29. Die anderen kirchlichen Einrichtungen, Basisgemeinden und kleinen Gemeinschaften, Bewegungen und andere Formen von Vereinigungen sind ein Reichtum der Kirche, den der Geist erweckt, um alle Umfelder und Bereiche zu evangelisieren. Oftmals bringen sie einen neuen Evangelisierungs-Eifer und eine Fähigkeit zum Dialog mit der Welt ein, die zur Erneuerung der Kirche beitragen. Aber es ist sehr nützlich, dass sie nicht den Kontakt mit dieser so wertvollen Wirklichkeit der örtlichen Pfarrei verlieren und dass sie sich gerne in die organische Seelsorge der Teilkirche einfügen.[144] Diese Integration wird vermeiden, dass sie nur mit einem Teil des Evangeliums und der Kirche verbleiben oder zu Nomaden ohne Verwurzelung werden."

Bei all diesen pastoralhistorischen Anmerkungen zu neueren Gemeinschaften darf freilich nicht übersehen werden, dass diese insofern modern sind, als die Mitgliedschaft in ihnen auf persönlicher Wahl für das Evangelium basiert und sie das angenommene Evangelium in Gemeinschaft leben. Einige dieser Gemeinschaften zeichnet auch ein starkes diakonales Engagement aus. Das gilt nicht nur für die lateinamerikanischen Basisgemeinden, sondern auch für solche in Europa. Man denke an San Egidio in Rom oder die in der kommunistischen Unzeit entstandene Bulanyi-Bewegung Bokor in Ungarn.[145]

---

144 | Vgl. Propositio 26.
145 | Máté-Tóth, András: Bulanyi und die Bokor-Bewegung. Eine pastoraltheologische Würdigung, Wien 1996.

Kognitive Minderheiten

Dass der Einzelne allein nicht Christ sein kann, hat freilich heute nicht nur (gemeinde)theologische Gründe. Auch wissenssoziologische Gründe sprechen dafür. Die Idee des individualistischen Christseins stammt aus der späten Phase einer Zeit, in der alle Christen sein mussten. In der Zeit einer solchen „christentümlichen" Kultur mag ein Einzelner das (trügerische) Gefühl gehabt haben, er lebe konsequentes Christsein im Alleingang. Das war auch ziemlich wahrscheinlich. Denn die umgebende Kultur verhinderte, dass er einen anderen Weg einschlagen konnte.

In den gegenchristlichen Gesellschaften des „real existierenden Sozialismus" mit seiner aggressiven Politik gegen Religion und Kirchen war solches nicht mehr möglich. Deshalb sammelten sich die Christinnen und Christen im Untergrund um den Altar, brachen gemeinsam das Brot und hielten zusammen. Das ließ sie (wie in der Verfolgungszeit der jungen Kirche) als verfolgte Minderheit überleben.

Ähnliches trifft auf die pluralistischen Kulturen der nachkonstantinischen Ära zu. Diese tragen überzeugte Christlichkeit nicht mehr von sich aus. Konsequent Christin, Christ zu sein, ist zu einer Frage der persönlichen Wahl geworden. Und diese wird gar nicht selten bei kulturellem Gegenwind getroffen, der manchmal selbst in den kleinen familialen Lebenswelten zu spüren ist.

Konversion

Für diese persönliche Glaubenswahl treffen die Momente einer „Konversion" zu. Schon der Prozess der Entscheidung braucht eine „Plausibilitätsstruktur". Diese findet sich in jener Gemeinschaft, in der das christliche „Lebenswissen", seine Deutungen und Handlungsmuster, plausibel, unhinterfragt selbstverständlich ist. In dieser kommt es zur Begegnung mit „signifikant anderen", also maßgeblichen, glaubhaften Personen. Mit diesen tritt der suchende und skeptische Mensch auf dem Weg seiner Entscheidung in eine dichte Kommunikation ein, trennt sich dabei nach und nach von seinen alten Lebensdeutungen und manchen daran gebundenen Handlungsmustern. Ist der Prozess an ein gutes Ende gekommen, wird eine Entscheidung getroffen sowie in Gemeinschaft sichtbar gemacht und mit „Konversionsritualen" gefeiert. Das Ergebnis ist ein Leben in der Spur des Evangeliums, und das inmitten der Welt von heute.

Dann braucht es aber schließlich eine Gemeinschaft, die dazu beiträgt, dass diese Entscheidung standhält. Die Rede ist von Dauerkommunikation – was nichts anderes bedeutet, als von einer gläubigen Gemeinschaft getragen zu sein. Dabei werden die Zweifel nicht behoben, sind aber in einer solchen Gemeinschaft gut aufgehoben.[146]

In Zeiten, in denen Christen eine „kognitive Minderheit"[147] sind, benötigen sie eben als „Plausibilitätsstruktur" Gemeinschaften, die ihnen das Christwerden und Bestehen als Christinnen und Christen erleichtern, wenn nicht gar ermöglichen. Dies ist nunmehr ein wissens- und pastoralsoziologisches Argument. Es verstärkt das pastoraltheolo-

---

146 | Berger, Peter L./Luckmann, Thomas: Die gesellschaftliche Konstruktion der Wirklichkeit, Frankfurt am Main 1966. – Zulehner, Paul M.: Umkehr, Prinzip und Verwirklichung, Frankfurt am Main 1979.
147 | Darauf haben schon die vielen Studien an der Kirchenmitgliedschaft verwiesen, die im Auftrag der christlichen Kirchen vom Sozialpsychologen Gerhard Schmidtchen nach dem Zweiten Vatikanischen Konzil durchgeführt worden waren. Schmidtchen, Gerhard: Protestanten und Katholiken, Bern 1973.

gisch-ekklesiologische Argument, dass ein Mensch, der Christ wird und die Taufe als Aufnahme in die Kirche feiert, „Kind Gottes" wird und damit gottverwandte Schwestern und Brüder in der „Familie Gottes", im „Volk Gottes" erhält.

Vernetzung

Eine zweite vermeintlich innovative „Entdeckung" rezenter Pastoraltheologie, die in Wirklichkeit keine ist, ist das Modewort „Vernetzung". Auf den ersten Blick ist es ein durchaus brauchbares Wort. Statt theologisch auf „Gemeinden" oder „Gemeinschaften" zu bauen, wird auf Netzwerke gesetzt.

Dabei sind auch die Gemeinden/Gemeinschaften selbst bereits gläubige Netzwerke. Menschen, die Gott einer Gemeinde hinzugefügt hat, sind nicht mehr blutsverwandt, sondern gottvernetzt.

Fragen lässt sich dann aber sehr wohl, ob diese gläubigen Netzwerke selbstgenügsam und abgeschlossen sind oder ob sie sich in das weite pastorale Netzwerk der Kirche, eines Kirchengebiets, einbinden.

Vom „Laboratorium für Soziologie der Religion" an der Russisch-Orthodoxen St. Tichon-Universität in Moskau wurde eine Studie durchgeführt[148], bei der empirisch erhoben werden sollte, ob Pfarrgemeinden nur aus einem selbstgenügsamen internen Netzwerk bestehen oder ob die Menschen in der Gemeinde auch über die Gemeinde hinaus vernetzt sind und daher ins „Land", in die „Gesellschaft",

---

148 | Zabaev, Ivan/Oreshina, Daria: The Russian Orthodox Church in the public sphere: The growth of visibility on the federal level vs local religious actors veiling their identity, Manuskript. Moskau 2015.

ins „Volk" ausstrahlen und hineinwirken. In der Netzwerk-studie konnten offene und geschlossene Gemeinden ent-deckt werden. Derzeit forscht das Laboratorium, wodurch eine Pfarrgemeinde zu einer offenen wird oder zu einer ge-schlossenen. Dabei wird auch die Rolle der Pfarrer unter die Lupe genommen.

Schon in traditionellen Zeiten wurde bei uns daran gear-beitet, die verschiedenen Gruppen und Projekte innerhalb einer einzelnen (Pfarr-)Gemeinde zu vernetzen. Das steht in allen Ordnungen der pfarrlichen Gremien (wie immer diese auch heißen).

Darüber hinaus sah die Würzburger Synode vor, dass die einzelnen Pfarreien sich auch untereinander vernetzen. Die Errichtung von Pfarrverbänden wurde verlangt und in vie-len Diözesen mit hohem pastoralen Gewinn auch eingerich-tet. Es entwickelten sich in diesen pfarrübergreifende pasto-rale Projekte. Wichtig ist hier die Beobachtung, dass diese pastoralen Vernetzungsvorgänge in einer Zeit in Gang kamen, als es ausreichend viele Priester gab. Dabei braucht nicht geleugnet zu werden, dass oftmals die Selbstgenüg-samkeit von Pfarrgemeinden einen antiquierten „Campani-lismo" erzeugte.

In den Anleitungen zur Errichtung von Pfarrverbänden ging es auch um die „Einnetzung" nichtpfarrlicher pasto-raler Vorgänge in den „Verband"/„Verbund": wie Schulen, Bildungseinrichtungen, Krankenhäuser und Kindergärten. Besonders dem Miteinander von „territorialer" und „katego-rialer" Seelsorge war hohe Aufmerksamkeit gewidmet.[149] Engagiert wurde das Zusammenspiel von Pfarrgemeinden

---

149| Um den Reichtum der kirchlichen Selbstorganisation wahrzunehmen, lohnt es sich, den Sammelband: Kirche in Österreich 1918–1965, hg. v. Ferdinand Klostermann, Wien 1967, zu studieren.

und organisierter verbandlicher Caritas diskutiert – ein besonders wichtiger Fall des Zusammenwirkens der pfarrlichen Seelsorge mit Verbänden bzw. Gliederungen der Katholischen Aktion.

Nicht die Forderung nach Vernetzung ist also originell, denn diese läuft schon geraume Zeit. Neu ist lediglich, dass diese derzeit durch den Priestermangel zusätzlich vorangetrieben wird. Das beschleunigt Vernetzungsvorgänge auch bei dafür unwilligen Pfarrgemeinden. Doch ist klar festzuhalten, dass für die Würzburger Synode die Pastoral kooperativer werden sollte. Jetzt hingegen geht es zunächst um die Verwaltung des Priester-, Finanz- und manchmal auch Mitgliedermangels.

Unoriginell, aber manchmal auch verwirrend, sind die diesbezüglichen Sprachregelungen von Diözese zu Diözese, wenn es um „Vernetzung" geht.[150] Undifferenziert werden Gemeinschaften und Projekte miteinander vernetzt; die Rede ist von pastoralen Orten, Kirchorten und Segensorten. Sie alle bewegen sich im Lebens- und Sozialraum, ein aus der Sozialarbeit entliehenes Wort, um die Menschennähe der Vernetzungsvorgänge zu sichern. Auf dem neuen strukturellen Schlachtfeld ist es derzeit selbst für Fachleute allein schon sprachlich ziemlich verwirrend.

Das in diesem Sprachgewirr Gemeinte lässt sich vielleicht einfach so ausdrücken:

---

150 | „Mehr als Strukturen… Entwicklungen und Perspektiven der pastoralen Neuordnung in den Diözesen". Dokumentation des Studientages der Frühjahrs-Vollversammlung 2007 der Deutschen Bischofskonferenz, hg. v. Sekretariat der Deutschen Bischofskonferenz, Arbeitshilfen 213, Bonn 2007. – „Mehr als Strukturen…" Neuorientierung der Pastoral in den (Erz)Diözesen, hg. v. Sekretariat der Deutschen Bischofskonferenz, Bonn 2007. – Felder, Gerd: Radikaler Umbau in deutschen Diözesen, http://www.furche.at/system/showthread.php?t=72723.

Es ist höchste Zeit, dass auch die letzte Pfarrei begreift, dass die Zeit des „finsteren Parochialismus" (Ferdinand Klostermann) endgültig der Vergangenheit angehört.

Wie schon seit Langem von Kirchenversammlungen (wie der sogenannten „Würzburger Synode") und Fachleuten der Pastoraltheologie gefordert, braucht es wachsende Zusammenarbeit: und dies innerhalb der Gemeinschaften/Gemeinden sowie über diese hinaus. Das Konzept einer „kooperativen Pastoral"[151] hat längst nicht ausgedient: Wenn ich richtig sehe, bildet sie den Kern der neuerlichen Vernetzungsanstrengungen.

Hilfreich ist die Unterscheidung zwischen „gemeinsam den Glauben leben und feiern" einerseits und „pastoralen Initiativen" andererseits. Solche projektartige Initiativen (und Einrichtungen) bilden sich bereits innerhalb der Gemeinden/Gemeinschaften aus. Zugleich aber verlangen manche pastoralen Aufgaben, aber auch gläubige Erfahrungen (wie ein Kreiskirchentag), nach größeren Räumen.

Die Kirche von morgen wird daher zugleich lokal *und* regional strukturiert sein. Dabei wird sich im Lokalen eher das gemeinschaftliche Leben und Feiern abspielen. Im Regionalen hingegen werden sich pastorale Einrichtungen und professionelle Projekte etablieren. Dies lässt sich auch so formulieren: Einerseits wird es Gemeinschaften geben, die (nach Maßgabe ihrer Gaben) Dienste leisten. Andererseits wird es auch miteinander getragene Dienstleistungen geben. Gemeinschaften, die Dienste leisten, werden eher auf der lokalen Ebene anzutreffen sein, gemeinsame Dienstleistungen hingegen im regionalen Raum. Mag sein, dass in profan-

---

151 | Belok, Manfred: Zwischen Vision und Planung, Paderborn 2002. – Mehr Literatur dazu in Pock, Johann: Gemeinden zwischen Idealisierung und Planungszwang, Wien, Münster 2006, 36, Fußnote 20.

soziologischen Studien die Kirchen als Dienstleistungsbe-
triebe geführt werden. Ekklesiologisch reicht aber eine solche Definition bei Weitem nicht aus. Die Kirche ist mit allen
Mitteln davor zu bewahren, zu einem reinen Dienstleistungsbetrieb zu mutieren. Ihre Aufgabe ist eben nicht nur
das „Herstellen" zumal nützlicher gesellschaftlicher Funkti-
onen, sondern das „Darstellen", was durch ein gläubiges
Leben miteinander, das Hören auf das Wort Gottes und das
absichtslose Feiern unter den Augen Gottes geschieht.

Beheimatung

Kirchliches Leben und Beheimatung zu verknüpfen, erscheint manchen Theoretikern als nostalgisch, traditionell,
rückwärtsgewandt. Die modernen Menschen würden in den
Kirchen auch eine solche nicht suchen. Sie seien geborene
kosmisch unbehauste Nomaden, religiöse Pilger[152]; zwei-
felnde Skeptiker[153] suchten sich wählerisch aus, was ihnen an
„Angeboten" am ehesten schmeckt. Wenn schon Heimat,
dann „Wahlheimat"[154]. Als Alternative zur „Heimat-Kirche"
erscheint die Kirche als Dienstleistungsbetrieb.[155]

Letztlich stehen diese beiden Positionen für zwei berech-
tigte Urwünsche eines jeden Menschen. Einem Teil der
Menschen geht es um Stabilität, einem anderen um Mobili-

---

152 | Hervieu-Léger, Danièle: La religion en mouvement, le pélerin et le
converti, Paris 1999.
153 | Berger, Peter L./Zijderveld, Anton C.: In praise of doubt, New York 2010.
154 | Wollbold, Andreas: Kirche als Wahlheimat. Beitrag zu einer praktischen
Ekklesiologie, Arenrath 1996.
155 | Ein typischer Satz für das Zweite, selbst von Bischöfen zu hören, die ihre
XXL-Pfarreien verteidigen: Es ist den Leuten, die ja auch weit zum Super-
markt fahren, die Fahrt in einen entfernteren Ort zur Mitfeier einer
Sonntagsmesse zuzumuten.

tät. Die einen sorgen sich um die Wurzeln, die anderen um das Wachsen. Das Unsinnige am diesbezüglichen Diskurs ist, dass diese beiden Anliegen gegeneinander ausgespielt werden. Beide sind aufeinander verwiesen. Ein Baum ohne Wurzeln wächst nicht und wächst der Baum nicht, sterben seine Wurzeln. Zukunftsfähige Kirchenstrukturen werden folglich beide Urwünsche der Menschen berücksichtigen.

Alles höher organisierte Leben ereignet sich in Wachsen und Wurzeln. Das gilt auch für den Menschen. 1979, als die Studie „Was den Deutschen heilig ist"[156] veröffentlicht wurde, war den Deutschen einerseits ihre persönliche Freiheit (das Symbol dafür war damals das Auto), andererseits die Familie (deren Symbol: Weihnachten) heilig.

Freiheit bedeutet Selbstbestimmung, wählen können, mitentscheiden, Macht haben. Die Kirche braucht freiheitliche Strukturen für moderne Menschen. Das Wählen muss möglich sein.

Zugleich braucht es aber Momente der Beheimatung in der Kirche. Deren Grad und Stilisierung variieren – von Person zu Person, aber auch in verschiedenen Lebensphasen einer einzigen Person. Das Stabilitätsbedürfnis der Menschen kann sich in unterschiedlichen Lebensaltern verändern. Junge Familien mit Kindern, Familien mit pflegebedürftigen Angehörigen, aber auch ältere Menschen haben nachweislich ein höheres Stabilitätsbedürfnis als junge Menschen, die gerade dabei sind, ihre Herkunftsfamilie zu verlassen, die eine Paarbeziehung knüpfen, einen Ausbildungs-

---

156| Schmidtchen, Gerhard: Was den Deutschen heilig ist, München 1979. – Zulehner, Paul M./Denz, Hermann: Vom Untertan zum Freiheitskünstler. Kulturdiagnose anhand der Untersuchungen „Religion im Leben der Österreicher 1970 bis 1990", Europäische Wertestudie-Österreichteil 1990, Freiburg 1991.

ort suchen, sich beruflich orientieren, in einem der hypermobilen Berufe tätig sind.

Je größer das Stabilitätsbedürfnis von Menschen ist, desto eher suchen sie eine „Kirche in Ruf- und Reichweite". Dabei kann offenbleiben, in welcher Dichte sich diese Personengruppen wählerisch „einheimaten", lose oder dicht, teilnehmend oder mitwirkend. Vielfältig sind auch die Türen, in denen die Menschen ins gemeindliche Leben eintreten; von „polyzentrischer Integration" (Johannes Schasching) ist die Rede. „Polyzentrische" und gestufte Integration in eine lokale Kirchengemeinschaft (welchen Namen diese auch immer hat!) ist also der erwartbare Normalfall.

Es lohnt sich, das Wort Heimat zu entmystifizieren.[157] Es wurde lange völkisch missbraucht und wird auch derzeit rechtspopulistisch genutzt. Das ist kein Vorteil für die Verwendung des Begriffs. In der wissenschaftlichen Geografie und Volkskunde, aber auch in der Literatur hat der Begriff einen besseren Klang. Fachleute sehen im Begriff viele Dimensionen, eine räumliche zuvorderst, dann aber auch eine zeitliche, soziale, kulturelle und sogar eine emotionale. Auch Neurobiologen tragen heute zu einer Neubewertung des Konzepts Heimat bei. Sie sagen, dass sich von früh an im Gehirn Erfahrungen eingraben, die mit dem Begriff Heimat assoziiert werden: „Heimat ist im Gehirn jedes Menschen präsent. Heimat besteht aus einer Unmenge von Engrammen. Je länger er an einem Ort verweilt, desto stärker sind die Engramme synaptisch bei ihm verfestigt, sofern sie emotional positiv korrelieren. Heimatgefühle manifestieren sich durch wiederholte Prägung."[158]

157 | ZEIT-Magazin 41, 29.9.2016: Brost, Marc/Wefing, Heinrich: Der Sehnsuchtsort, 17–28.
158 | https://de.wikipedia.org/wiki/Heimat

„Heute ist Heimat im Kommen. Trendautoren wie Florian Illies (‚Ortsgespräch‘) beweisen, dass die ‚Generation Golf‘ wieder öffentlich ihre Heimat lieben darf. Der Evangelische Kirchentag, bekannt für gesellschaftskritisches Engagement, widmete 2005 in Hannover eine ganze Halle dem Thema Heimat. Zahllose Kirchenbauvereine in Ostdeutschland retten Kirchen vor dem Verfall. Auch Atheisten wollen, dass die ‚Kirche im Dorf‘ bleibt. Den Deutschen ist das Wort Heimat inzwischen wieder überaus lieb. Es war 2004 auf Platz vier der Liste der beliebtesten Wörter, die der deutsche Sprachrat und das Goethe-Institut erstellten.“[159]

Bei der Anwendung des Begriffs auf christliches Leben gilt es allerdings zunächst zurückhaltend zu sein. Biblisch ist für Christen die Heimat im Himmel. Hier auf Erden sind wir Fremdlinge, leben in der „paroikia“ (Fremde): wovon sich ja der Begriff Pfarrei ableitet. Diese Pilger in der Gruppe ziehen aber nicht allein, sondern sind als Gemeinschaft von Fremdlingen unterwegs: in einer Welt, in der sie pilgern, die ihnen ans Herz gelegt ist, die ihnen bzw. der sie aber dennoch letztlich fremd bleibt/bleiben.

Von diesen Pilgergruppen von Menschen, deren Heimat im Himmel ist, gilt aber zugleich, dass sie den Tod schon hinter sich haben. Die Taufe ist wie eine Vorwegnahme der Auferstehung und erschließt ein Leben „wie nach der Auferstehung“. Das erkennt man gerade in einer Kultur, in der viele das diesseitige Leben als „letzte Gelegenheit“[160] betrachten, daran, dass Christen wegen ihrer Existenz unter

159 | Wissen, wo man hingehört. Heimat als neues Lebensgefühl, hg. v. Klaus Hofmeister u.a., Würzburg 2006, 7.
160 | Gronemeyer, Marianne: Leben als letzte Gelegenheit, Darmstadt 1993.

einem offenen Himmel frei geworden sind „von einem Lebensstil krampfhafter Selbstbehauptung"[161].

Obwohl also Christinnen und Christen in dieser Welt wie Fremde sind, gibt es in ihren Pilgergemeinschaften „Spuren des Himmels" zwischen uns. Himmel aber ist Einung der Menschheit mit Gott und darin untereinander (Lumen gentium 1). Himmlische Beheimatung geschieht schon jetzt auf Erden. In Spuren wenigstens. Die ausstehende Heimat, die in dieser Welt zunächst noch keinen (griechisch „ou") Ort („topos") hat und daher eine Utopie ist, erhält einen Ort in der Welt. Eine „Verortung" des Himmels ereignet sich. Der Himmel ist nunmehr schon in Spuren zwischen uns. Das ist der tiefste Sinn der Beheimatung in einer kirchlichen Gemeinschaft.

161 | Unsere Hoffnung, in: Gemeinsame Synode der Bistümer der Bundesrepublik Deutschland, Freiburg 2012, 92.

Nicht im Rahmen,
sondern den Rahmen reformieren

Die Pfarreien haben sich in den letzten Jahrzehnten vielfach zu örtlichen Personalgemeinden gewandelt. Dabei ist es allein schon deshalb sinnvoll, dass sie lokal verwurzelt sind und sich für einen bestimmten Raum auch verantwortlich fühlen: denn das sichert den Gemeinden eine hohe „diakonale Aufmerksamkeit". Sie sind gleichsam das „Auge der Kirche", so die Syrische Kirchenordnung aus dem 5. Jahrhundert über den Diakon[162], eine diakonale Aufgabe, welche etwa ein Caritasausschuss einer Pfarrgemeinde wahrnimmt.

Das Netz der Pfarrgemeinden dient daher längst nicht mehr dem Erfassen von Mitgliedern eines bestimmten Raums, sondern bewahrt die Diakonie der Kirche vor wählerischer Zufälligkeit, wie man sie bei manchen Movimenti beobachten kann. Es ist gut für die Menschen, wenn sie wissen, dass sie durch Menschen der Pfarrei im Blick sind, wenn sie in irgendeine psychische oder physische Not geraten. Das ist im Übrigen laut Studien auch jener Dienst, den die Menschen bei Priestern am ehesten suchen.[163] Menschen suchen den (priesterlichen) Seelsorger, nicht den Pastoralmanager.

Nicht wenige Kirchenmitglieder, vor allem Familien mit Kindern und Alten, „wählen" von sich aus ihre lokale Gemeinde. Dort möchten sie sich gottesdienstlich versammeln und Eucharistie feiern.

---

162 | Zerfaß, Rolf: Wenn Gott aufscheint in unseren Taten, in: Zulehner, Paul M.: Das Gottesgerücht. Bausteine für eine Kirche der Zukunft, Düsseldorf ⁶1989, 95–106.
163 | Zu den Erwartungen der Menschen an die Kirche sowie an die Priester siehe Zulehner, Paul M.: Verbuntung. Kirchen in pluralistischen Gesellschaften, Ostfildern ²2012.

Poitiers als Vorlage

Von vielen Verantwortlichen der Strukturreformen wird dieser Wunsch der Menschen durchaus gesehen. Sie möchten starke lokale Gemeinschaften, die das Wort Gottes hören und feiern und einfache diakonale Dienste vollbringen. Die vom Priestermangel ernötigte Einrichtung großer pastoraler Räume mit oder ohne Auflösung der gewachsenen Pfarreien widerspreche nicht dem Anliegen, vor Ort starke christliche Gemeinschaften zu fördern oder auch neue aufzubauen.

Entscheidend ist, dass diese Gemeinschaften (manche nennen sie auch Kirchorte, Filialgemeinden) von ehrenamtlichen Kirchenmitgliedern geleitet werden.

Abbildung 10: Strukturen in Poitiers – im Rahmen

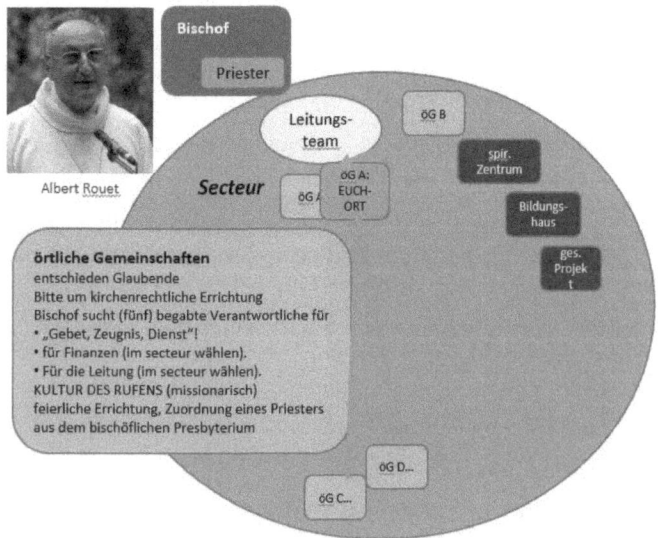

174

Nicht wenige orientieren sich dabei an dem Reformkonzept der französischen Diözese Poitiers.[164] Weiter oben wurde schon knapp vorgestellt, dass der Weg dort synodal gegangen worden war. So sieht – grafisch verdichtet – das Ergebnis der Reform aus:

- Ein pastoraler Raum (secteur) wird von der Diözesanleitung definiert.
- In diesem bilden sich örtliche Gemeinschaften (communautés locales). In diesen sammeln sich entschiedene Christinnen und Christen. Sie bitten den Bischof um kirchenrechtliche Errichtung. Der Bischof erfüllt die Bitte, wenn fünf Positionen durch Laien besetzt sind – für „Gebet, Zeugnis und Dienst" sowie für Finanzen und Leitung.
- Der Bischof ordnet der Gemeinschaft einen Priester zu, der zu seinem Presbyterium gehört und bei ihm wohnt.
- Im Secteur werden nicht nur die lokalen Gemeinschaften vernetzt, sondern auch andere kirchliche Einrichtungen und Projekte.
- Die sonntägliche Eucharistiefeier findet an einem gemeinsamen Ort statt.

Bis hierher erfolgt die Reform im derzeitigen kirchenrechtlichen Rahmen. Dass die lokalen Kommunitäten kirchenrechtlich keine Pfarreien sind, ermöglicht dem Bischof (damals Albert Rouet), sie durch Laien leiten zu lassen.

Die Stärke von Poitiers liegt in der starken Beteiligung von Laien. Der Wunsch zur (kirchenrechtlichen) Errichtung einer lokalen Gemeinschaft muss von ihnen ausgehen. Sie tragen auch das Leben und Wirken ihrer lokalen Gemein-

---

164 | Feiter, Reinhard/Müller, Hadwig: Was wird jetzt aus uns, Herr Bischof?, Ostfildern ⁶2014.

schaft. Zudem sind sie untereinander vernetzt, was in der französischen Diasporasituation unumgänglich ist. Sie feiern gemeinsam im „secteur" die Eucharistie (wodurch dann in etwa so viele Personen zur Sonntagsmesse kommen wie in einer herkömmlichen Pfarrgemeinde). Größere pastorale Projekte werden vom Leitungsteam des Secteur verantwortet.

Poitiers revisted

Diese Struktur kann weiterentwickelt werden. Das bietet sich vor allem dann an, wenn erstens die lokalen Gemeinden weit voneinander entfernt sind. Eine Weiterentwicklung wäre auch dann sinnvoll, wenn die lokalen Gemeinden von einer guten Zahl von entschiedenen Kirchenmitgliedern getragen werden.

Einen Vorschlag für eine solche Weiterentwicklung hat der inzwischen emeritierte Bischof von North-Aliwal in Südafrika Fritz Lobinger gemacht.[165] Er hatte lange das südafrikanische LUMKO-Pastoralinstitut geleitet und dort das Bibelteilen entwickelt. Mit Peter Neuner zusammen haben der Bischof und ich dieses Modell auf seine theologische Tragfähigkeit hin untersucht.[166]

165 | Lobinger, Fritz: Wie Gemeinden Priester finden, Graz 1998. – Ders.: Like his brothers and sisters, New York 1999. – Ders.: Teams of Elders, Quezon City 2007.
166 | Pauluspriester – Korinthpriester. Zur Diskussion: Über den Weg in ein neugestaltetes Priesteramt, in: Christ in der Gegenwart 54 (2002) 349–350. – Zulehner, Paul M./Lobinger, Fritz: Um der Menschen und der Gemeinden willen, Ostfildern 2002. – Zulehner, Paul M./Lobinger, Fritz/Neuner, Peter: Leutepriester in lebendigen Gemeinden, Ostfildern 2003.

Fritz Lobingers Vorschlag sieht so aus:

1. Es braucht zunächst Gemeinden, welche über geraume Zeit hinweg (etwa fünf Jahre) ihr gemeindliches Leben (Liturgie, Dienst am Wort, Diakonie) aus eigenen Kräften, also mit ehrenamtlich tätigen Laien meistern.

2. Diesen Gemeinden kann der Bischof dauerhaft keinen ordinierten Amtsträger (Priester) schicken.

3. Die Gemeinde wählt nach dieser Zeit einige „gemeindeerfahrene Personen" (personae probatae). Diese erhalten eine (beispielsweise dreijährige) Ausbildung. Sodann werden sie dem Bischof zur Ordination in ein lokales ehrenamtliches Presbyterteam („Team of Elders"[167]) vorgeschlagen.

4. Diese Teams erhalten (vielleicht von einem akademisch ausgebildeten Priester oder von einem Laien, Mann oder Frau, mit gleicher Qualifikation) pastorale Supervision.

Bischof Lobinger kann bei seinem Entwurf darauf verweisen, dass die anglikanische Kirche, aber auch andere Kirchen der Reformation mit solchen Diensten schon über Jahrzehnte gute Erfahrungen gesammelt haben.

Wichtig ist auch die Reihenfolge. Zuerst muss die Gemeinde über einen größeren Zeitraum hinweg (etwa fünf Jahre) ihre Lebensfähigkeit nachweisen. Daher ist der Bischof von einer (raschen) Ordination von „viri probati" nicht sonderlich angetan. Das könnte die überkommene Passivität der Gemein-

---

167 | Die Benennung solcher Priester anderer Art hat eine bewegte Geschichte. Es begann mit „Korinthpriester", dann folgte Leutepriester. Heute verwendet Lobinger die Übersetzung des neutestamentlichen Begriffs „presbyteroi", was so viel wie „Älteste" bedeutet, ein Dienst in der frühkirchlichen Zeit, der nicht unbedingt von Senioren oder Pensionisten ausgeübt wurde.

den stärken bzw. aufkeimende Verantwortung wieder ersticken.

Dass der Bischof nicht von „viri probati", sondern „personae probatae" spricht, hat seinen Grund darin, dass er Frauen den Zugang zu diesem Priesteramt anderer Art nicht von Haus aus verwehren will.

Abbildung 11: Poitiers revisted – nach einer Reform des Rahmens

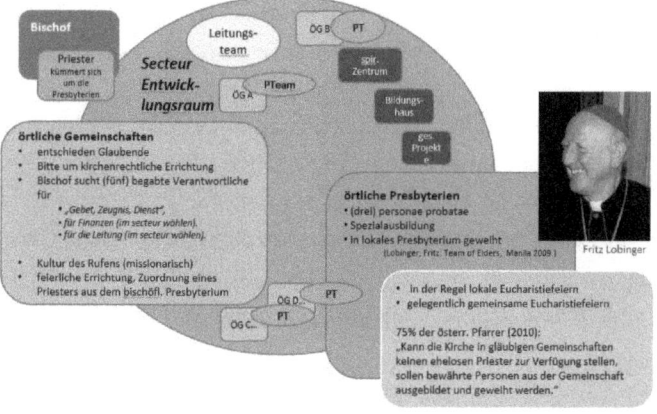

Örtliche Gemeinschaften könnten auf diesem Weg wieder ihre Vollständigkeit erreichen. Das wäre auch biblischer Standard. Denn es ist unvorstellbar, dass in den Gemeinden, von denen das Neue Testament Zeugnis gibt, sonntäglich nicht das Herrenmahl gefeiert worden wäre.

Derzeit ermutigt Papst Franziskus die Bischöfe, angesichts des Priestermangels Vorschläge zu machen. Wäre nicht also jetzt die Zeit, das Pilotprojekt mutig anzugehen? Hier ist das Projekt kurz zusammengefasst:

Ein Pilotprojekt für die Weltkirche: „Priester(teams) für priesterlose Gemeinden"

Geeignete Gemeinden

1. Es werden (für das Projekt drei) Gemeinden ausgewählt, die in vorhersehbarer Zeit keinen Pfarrer mehr bekommen werden (weil die personellen und/oder finanziellen Ressourcen begrenzt sind). Sie sind jedoch fest entschlossen, ihre (pfarr)gemeindliche Eigenständigkeit und ihre sonntägliche Eucharistiefeier zu behalten.

2. Diese Gemeinden haben ihre Lebensfähigkeit schon durch die Ausbildung von Diensten und den Aufbau pastoraler Gruppen bewiesen und beweisen diese auch aktuell. Ein „Gemeindeteam" wird eingerichtet, das für Leben und Wirken der Gemeinde Verantwortung übernimmt. Es behält diese auch, wenn später ein ordiniertes „Ältestenteam" entsteht.

3. Die Gemeinden machen einen geistlichen Erneuerungsvorgang durch. Ziel ist es, möglichst viele für eine missionarische Grundhaltung zu gewinnen. Auch sollten möglichst viele auf einem spirituellen Weg lernen, zu ihrer Taufe ein erwachsenes Adsum zu sprechen und bereit zu sein, von Mitgliedern zu Zeugen zu werden.

Gemeindeerfahrene Personen

4. In den Gemeinden werden geeignete Personen gesucht. Diese kommen aus der Mitte des gemeindlichen Lebens und haben bereits Verantwortung getragen; sie sind in diesem Sinn „personae probatae". Sie verfügen ebenso

über reichlich berufliche Erfahrung. Im Normalfall sind sie in der Lage, ehrenamtlich zu wirken.

5. Der Bischof sorgt dafür, dass die gewählten Personen eine theologisch verantwortliche und pastoral intensive Ausbildung im Umfang von drei Jahren erhalten. Diese kann an eine Hochschule/Universität angebunden werden. Wenn es ein Bakkalaureat ist, braucht es eine besondere pastorale Schwerpunktsetzung. Die Eignung für Leitungsaufgaben im Team muss gegeben sein.

Kirchenpolitisch: Projekt für die Weltkirche

6. Der Bischof erhält die Sondererlaubnis (als Ausnahme vom can 1042 §1), diese Personen zu Priestern zu weihen und sie dem „Ältestenteam" („Team of Elders") einer Gemeinde im pastoralen Großraum zuzuordnen.

Intensive Begleitung lokaler Presbyterien

7. Hoher Wert wird nach der Weihe auf eine intensive spirituelle und pastorale Begleitung der „Ältestenteams" durch einen dafür fähigen „Begleitpriester" gelegt. Dadurch kann die nur dreijährige Ausbildung weitergeführt und vertieft werden. Der „Begleitpriester" sorgt umsichtig für einen gediegenen spirituellen und pastoralen Standard der „Ältestenteams" der verschiedenen Gemeinden.

8. Abzuraten ist von der exklusiven Weihe von „viri probati" im herkömmlichen Sinn: also z.B. von Hauptamtlichen oder Diakonen. Dies würde vorhersehbar die Entwicklung der Gemeinden zu einer missionarischen Zeugenschaft mindern.

9. Es ist klar, dass es auf dem Weg der Ordination ehren-amtlicher „personae probatae" zu einer zusätzlichen neuen Art von Priesteramt kommt, welche das her-kömmliche Priesteramt ergänzt und bereichert.

Konzentration der ehelos lebenden Priester in regional wirkenden Kommunitäten

10. Die Bildung lokaler Presbyterien eröffnet die Möglich-keit, dass die ehelosen Priester gemeinsam wohnen. Die Studie Priester 2000 zeigt, dass unter modernen Bedin-gungen Zölibat sehr eng mit kommunitärer Lebensform verwoben ist. Die Bildung von lokalen Presbyterien ist auf diese überraschende Weise zugleich eine Möglich-keit, den Zölibat dadurch zu sichern, dass er auch prak-tisch lebbar gemacht wird.

Vieles geht heute schon

Das Projekt von Bischof Fritz Lobinger enthält viele Ele-mente, deren Realisierung schon heute unabhängig von einer kirchlichen Zustimmung in Angriff genommen werden kann.

So ist es sinnvoll, heute schon Gemeinden und Gemein-schaften so zu entwickeln, dass sie lebens- und handlungsfä-hig sind, auch wenn ihnen kein Ordinierter zugewiesen ist. Sie können die entsprechenden Dienste ausbilden, Leitung übernehmen, sich mit anderen Gemeinschaften vernetzen. Das, was in der Diözese Poitiers gemacht wurde, ist überall möglich. Dabei ist klar: Ohne entschlossene Christinnen und Christen, die sich in der Jesusbewegung vernetzen, wird die Kirche im Land keine Zukunft haben. Es wird dann nämlich viel zu wenige engagierte Personen geben, welche die vielfältigen pastoralen Projekte tragen. Dabei wird wieder nicht bestritten, dass künftig die meisten Projekte nicht nur von Christinnen und Christen, sondern auch von Nichtmitgliedern in zivilgesellschaftlichen Netzwerken getragen werden. Ein bewährtes Beispiel eben dafür sind viele Initiativen bei der Integration von schutzsuchenden Menschen aus Kriegsgebieten.

Dabei heißt „entschlossen" nicht „elitär". Die sich für die Jesusbewegung entscheiden, bleiben heute mehrheitlich Suchende und Skeptiker. Sie kennen Annäherung und Entfernung an das innerste Geheimnis des Glaubens. Sie sind eben „Pilger" (Danièle Hervieu-Léger). Auch nimmt kein Christ faktisch alles aus dem großen Glaubenskosmos an, sondern kennt seine persönliche „Hierarchie der Wahrheiten". Alle sind so besehen „Auswahlchristen"[168]. Aber sie haben eine Grundentscheidung getroffen, zu der sie stehen und die durchzustehen ihnen die Gemeinschaft hilft.

Was auch heute schon geht, ist die Kultur des Rufens. Wer eine ehrenamtliche Aufgabe übernimmt – für drei oder maximal sechs Jahre –, sucht selbst die Person, die nach ihr/ihm die Aufgabe übernimmt, und bereitet diese darauf vor.

Weitere Möglichkeiten sind heute schon gegeben. Es braucht ja auch eine Entwicklung von „Gemeindeerfahrung". Nur so lassen sich alsbald „gemeindeerfahrene Personen" in der Gemeinschaft finden und wählen.

Bedenkenswert ist auch, ob in Gemeinschaften, denen die Kirche keinen Ordinierten zuteilen kann und in denen noch keine „Teams of Elders" ordiniert sind, Agape-Gottesdienste

---

168 | Zulehner, Paul M.: Religion nach Wahl. Grundlegung einer Auswahlchristenpastoral, Wien 1974.

gefeiert werden, die zwischen Wortgottes- und Eucharistiefeiern liegen.[169] Das würde die Gemeinde auch an die fehlende Feier der Eucharistie in der gläubigen Gemeinde erinnern.

Macht es Sinn, dass Mitglieder einer katholischen Gemeinde, denen die Kirche mit einem Ordinierten auch die sonntägliche Eucharistiefeier vorenthält, sich mit einer nahe gelegenen evangelischen Gemeinde zusammentun und an deren Feier des Herrenmahles teilnehmen? Das könnte evangelische Gemeinden übrigens dazu animieren, häufiger das Herrenmahl zu begehen, als derzeit im Schnitt üblich ist. Wenn das der Kirchenleitung nicht behagt, kann sie ja vorsorgen und die Ordination von „Teams of Elders" vorantreiben.

Was macht die Kirchenleitung, wenn ungeduldige gläubige Gemeinden sich an Tertullian erinnern und notfalls – weil ihnen die bischöfliche Autorität keinen Ordinierten zuweisen kann/will – sie eine Person aus ihrer Mitte bitten, der Eucharistiefeier priesterlich vorzustehen? Ich kenne eine Pfarrei, in der dies heute bereits geschieht. Das ist gewiss unerlaubt: Aber (so Joseph Ratzinger mit Blick auf nichteheliche Lebensgemeinschaften) „theologisch nicht nichts". Würde es der Kirchenleitung Beine machen? Wenn das immer mehr gläubige Gemeinschaften machten: Was würde dann geschehen?

169| Patzelt, Werner J./Back, Gerlinde: Agape, Frankfurt 2014.

Eine Vision von Benedikt XVI.

Der junge Professor Joseph Ratzinger entwarf 1970 in einem Vortrag im Bayerischen Rundfunk eine Vision der künftigen Kirche. Dort sagte er:

„Bleiben wird die Kirche Jesu Christi. Die Kirche, die an den Gott glaubt, der Mensch geworden ist und uns Leben verheißt über den Tod hinaus. Desgleichen kann der Priester, der nur noch Sozialfunktionär ist, durch Psychotherapeuten und durch andere Spezialisten ersetzt werden. Aber der Priester, der kein Spezialist ist, der nicht sich selber aus dem Spiele hält, während er amtliche Beratungen gewährt, sondern von Gott her sich den Menschen zur Verfügung gibt, für sie da ist in ihrer Trauer, in ihrer Freude, in ihrem Hoffen und in ihrer Angst, er wird auch weiterhin nötig sein.

Gehen wir einen Schritt weiter. Aus der Krise von heute wird auch dieses Mal eine Kirche von morgen hervorgehen, die viel verloren hat. Sie wird klein werden, weithin ganz von vorne anfangen müssen. Sie wird viele der Bauten nicht mehr füllen können, die in der Hochkonjunktur geschaffen wurden.

Sie wird mit der Zahl der Anhänger viele ihrer Privilegien in der Gesellschaft verlieren.

Sie wird sich sehr viel stärker gegenüber bisher als Freiwilligkeitsgemeinschaft darstellen, die nur durch Entscheidung zugänglich wird. Sie wird als kleine Gemeinschaft sehr viel stärker die Initiative ihrer einzelnen Glieder beanspruchen.

Sie wird auch gewiss neue Formen des Amtes kennen und bewährte Christen, die im Beruf stehen, zu Priestern weihen: In vielen kleineren Gemeinden bzw. in zusammengehörigen sozialen Gruppen wird die normale Seelsorge auf diese Weise erfüllt werden.

Daneben wird der hauptamtliche Priester wie bisher unentbehrlich sein."[170]

---

170 | Ratzinger, Joseph: Glaube und Zukunft, München 1970, 122.

Anhang 1: Onlineumfrage 2016

In der Onlineumfrage 2016 wurde an die Daten von Trier 2003 angeknüpft. 76 pastorale Vorgänge wurden aufgelistet. Diese sollten einem der vorgegebenen fünf „Räume" zugeordnet werden. Dabei wird die räumliche Reichweite schrittweise größer. Sie reicht von lokal über regional hin bis zu diözesan/weltkirchlich. Das sind im Detail die fünf vorgegebenen Räume:

Tabelle 13: räumliche Reichweiten

1	lokal (Pfarre/Pfarrei, Filialgemeinde, „Gemeinde")
2	regional: Pfarrverband
3	regional: Seelsorgsraum, Entwicklungsraum
4	regional: Vikariat, Region
5	diözesan und weiter („weltkirchlich")

Onlineumfrage 2016

Die Zuordnung der in die Studie einbezogenen pastoralen Vorgänge zu den Räumen durch die Umfrageteilnehmenden ist im Ergebnis jener aus Trier weithin verwandt.

Tabelle 14: kleinräumige pastorale Vorgänge

	Pfarrei...	Pfarrverband	Seelsorgsraum	Vikariat/Region	Diözesan >	Mittelwert
Tauffeiern	84	13	2	0	0	1,19
Krankenbesuche	81	15	3	0	0	1,23
MinistrantInnenarbeit	81	16	2	1	0	1,24
Eucharistiefeiern	79	17	3	1	0	1,28
Neuzugezogene	78	18	3	0	0	1,27
Begräbnisse halten	78	16	4	1	0	1,29
Besuchsdienste	76	18	5	1	0	1,30
Wortgottesdienst, Kreuzweg, Rosenkranz, Andachten	74	21	4	1	0	1,32
Trauungen	74	20	5	1	0	1,33
Erreichbarkeit von „Kirche"	74	19	5	1	1	1,38
MesnerInnendienst	74	18	5	2	2	1,41
Kindergruppen – Kinderpastoral	73	24	3	0	0	1,33
Begleitung von Trauernden	71	16	10	2	1	1,46
Einzelgespräche über Glauben	71	19	7	1	0	1,40
Sternsingeraktion	70	23	3	2	2	1,42
KommunionhelferInnen	70	21	7	2	1	1,44
Sakramentalien spenden	69	25	5	1	0	1,39
Predigen	68	26	5	1	1	1,43
Erstkommunionvorbereitung	62	30	7	1	0	1,48
Gemeinderat / Gemeindeausschuss	62	31	7	1	1	1,50
Kirchenchor	59	35	5	1	0	1,50
Pfarrgemeinderat, Verw.-Rat	58	34	7	2	0	1,53
Taufvorbereitung	56	36	7	1	0	1,52
LektorInnen	56	25	11	6	2	1,74
Dankfest für Mitarbeiter/innen (z. B. zum Jahresabschluss)	52	35	10	3	1	1,65
Pfarrkanzlei	51	41	8	0	0	1,59
soziale Projekte (Nachbarschaftshilfe)	50	32	15	2	1	1,71

In Prozenten. Onlineumfrage 2016

Tabelle 15: mittelräumige pastorale Vorgänge

	Pfarrei …	Pfarrverband	Seelsorgsraum	Vikariat/Region	Diözesan >	Mittelwert
Familiengruppen – Familienpastoral	49	39	11	1	0	1,66
Kinderchor, Jugendchor	48	44	6	1	0	1,60
Kindergärten (kirchliche, christliche)	48	35	14	3	1	1,74
Jugendgruppen – Jugendpastoral	45	42	12	1	0	1,70
Vorbereitung besonderer Gottesdienste	44	40	14	1	1	1,76
Bußfeiern, Beichte	44	40	14	2	1	1,77
Gottesdienst-Anzeiger, „Was läuft bei uns…", interne Infos	41	42	13	3	0	1,81
Bibelkreis	41	43	14	2	0	1,76
OrganistInnen	41	40	16	2	1	1,83
Firmvorbereitung	37	48	12	2	0	1,80
Frauengruppen – Frauenarbeit	39	41	18	1	1	1,85
niedrigschwellige Seelsorgsangebote	46	33	18	3	1	1,80
Begleitung v. ea. Mitarbeitenden	47	29	17	6	1	1,86
Integration von Flüchtlingen	42	32	19	4	3	1,94
Präsenz Im Internet	31	39	23	4	2	2,09
Offene Türen, Teestuben	36	34	23	6	2	2,06
Religionsunterricht	34	34	20	7	5	2,16
Schulseelsorge	27	40	23	6	3	2,18
Caritasausschuss	27	40	25	5	2	2,18
regelmäßige Abstimmung der hauptamtlichen Seelsorger/innen („Team-Treffen")	16	50	28	5	2	2,25
Männergruppen, Männerarbeit	25	40	28	5	2	2,17
Angebote für nichtkirchliche Kindergärten	40	24	19	10	7	2,24
Zeitung/Blatt für Außenstehende	18	46	26	7	3	2,33
Verwaltungsaufgaben	14	48	29	7	2	2,35
Seelsorge in Altenheimen	21	41	30	6	2	2,28
Angebote für nicht-kirchliche Kindergärten	26	33	28	8	5	2,34
Begegnung mit Muslimen	27	30	30	9	5	2,37

In Prozenten. Onlineumfrage 2016

Tabelle 16: weiträumige pastorale Vorgänge

	Pfarrei …	Pfarrverband	Seelsorgsraum	Vikariat/Region	Diözesan >	Mittelwert
ökumenische Arbeit	12	44	33	7	4	2,46
Sorge um Menschen mit Behinderung	25	30	31	11	3	2,36
Wallfahrten	12	39	33	11	4	2,55
Exerzitien im Alltag	13	39	34	10	4	2,54
Eine-Welt-Arbeit	9	41	31	10	8	2,67
Sorge um Arbeitslose, Ausländer…	18	31	35	14	3	2,53
EZA-Engagement	15	33	33	12	8	2,65
soziale Brennpunkte errichten	14	31	38	12	4	2,63
Gemeindeentwicklung, -beratung	19	25	20	18	18	2,91
Seelsorge in Hospiz, Krankenhäusern	10	31	42	14	3	2,69
Kooperation mit nichtkirchl. Einrichtungen	11	30	35	16	9	2,83
Ehevorbereitung	14	26	34	20	5	2,73
interreligiöses Gespräch	9	31	39	14	7	2,79
Erwachsenenkatechumenat	13	27	35	21	4	2,77
LeiterInnen von Wortgottesfeiern ausbilden und begleiten	13	25	24	25	11	2,96
Begleitung von ha. Mitarbeitern	16	22	26	22	14	2,98
Erwachsenenbildung – Bildungswerk	5	32	40	18	5	2,86
Notfallseelsorge	17	19	33	24	7	2,83
Konziliarer Prozess: Frieden, Gerechtigkeit, Bewahrung der Schöpfung	6	29	36	16	13	3,01
geistliche Bewegungen	8	25	41	17	8	2,91
Sozialstationen führen	7	26	46	16	5	2,86
geistliches Zentrum, Meditation, Exerzitien im Alltag	6	23	41	23	6	3,00

In Prozenten. Onlineumfrage 2016

Die Benennung als klein-, mittel- und weiträumige Vorgänge wird durch die summierten Mittelwerte der drei Blöcke gestützt: Die kleinräumigen Vorgänge ereignen sich zu 69% in einer lokalen Einheit, zumeist der Pfarrei. Die mittelräumigen Vorgänge verteilen sich auf Pfarrei und Pfarrverband. Die weiträumigen schließlich dehnen sich in den Seelsorgsraum hinein aus. Vikariat, Region und der diözesane, auf die Weltkirche hin offene Raum sind letztlich pastoral belanglos.

Tabelle 17: Summarische Mittelwerte

	Pfarrei...	Pfarrverband	Seelsorgsraum	Vikariat/Region	diözesan >	Mittelwert
kleinräumig	69%	24%	6%	1%	1%	1,42
mittelräumig	35%	39%	20%	4%	2%	1,99
weiträumig	12%	30%	35%	16%	7%	2,75

Onlineumfrage 2016

Abbildung 12: durchschnittliche Raumzuordnung pastoraler Vorgänge

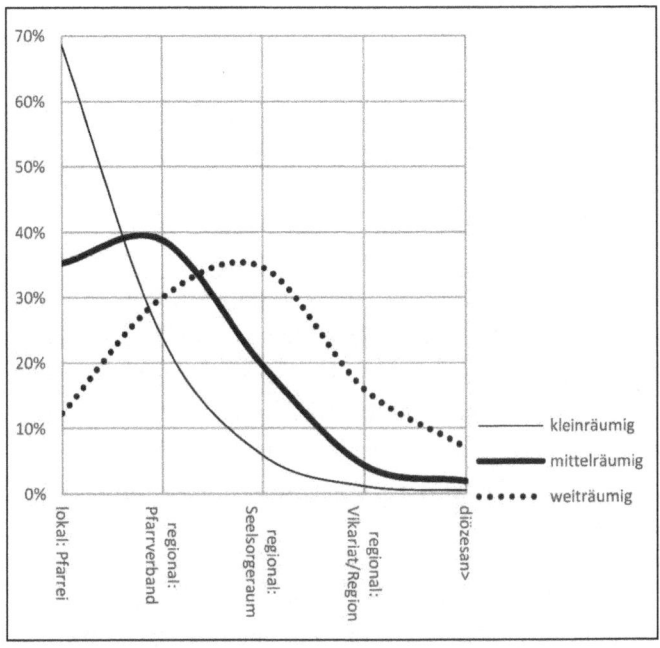

Onlineumfrage 2016

Anhang 2: Standortbestimmung in der Stadtkirche Ravensburg

Liturgie/Gottesdienst

- Christkönig: So 10.30 Uhr; Mo, Mi, Do, Fr: 8 Uhr; Di 18/19 Uhr. Rosenkranz tägl.; Schüler-GD: Klösterle, Neuwiesenschule. Andacht: Mai, Advent. Fastenzeit: Rosenkranzandacht. Vesper.
  Taufe 3. So. Trauung. Krankensalbung. Krippenspiel.
- Liebfrauen: So 10 Uhr, Mi 18.30 Uhr, HK [Heilig Kreuz]: Do 9 Uhr, Fr 19 Uhr, Sa 8 Uhr, Sa 18 Uhr HK. Rosenkranz LF [Liebfrauen], außer Mi. Rosenkranz HK, außer So. Fatimarosenkranz 1x Mo. Andachten: Mai. Vesper.
  Taufe 2. So, Trauung, Beichte jeden Sa, Beichte HK 1x M, Krankensalbung HK, Krippenspiel HK, Kinderkirche HK.
- St. Christina: Sa 18.30 Uhr, Do 18.30 Uhr. Schülergottesdienst GS [Grundschule] St. Christina. Andachten: Mai.
  Taufe 4. So, Trauung, Krankensalbung. Krippenspiel.
- St. Jodok: So 18/19 Uhr, Mo 19 Uhr, Mi 9 Uhr, Fr 18 Uhr, Mühlbruck. Arche-GD 1x Mo, Schülergottesdienst GS Kuppelnau. Vesper.
  Taufe 1. Sa, Trauung, Krankensalbung, Krippenspiel.

Seelsorgeeinheit: Gemeinsame Gottesdienste. Kartage. Maiandacht. Bitt-Tage vor Himmelfahrt. Fronleichnam. Pfingstmontag. Beginn Kirchenjahr. Silvester. (Ök.) Schulgottesdienste. Ök. Gottesdienst. Rutenfest, Ök. Gottesdienst bei der Oberschwabenschau.

Beerdigung/Trauerfeier/ Urnenbeisetzung.

Offene Mitte/Kirche in der Stadt. Ök. Gottesdienst bei „Ravensburg spielt". Kunstmarkt. Kunstnacht.

Verkündigung/Katechese

- Christkönig: Predigt, Bibelstunde, Sternsingeraktion.
- Liebfrauen: Predigt, Fastenpredigten, Sternsingeraktion.
- St. Christina: Predigt, Sternsingeraktion.
- St. Jodok: Predigt, Sebastiansoktav, Jahreskrippe, Stern-singeraktion.

Seelsorgeeinheit: Taufkatechese, Kommunionkatechese, Firmkatechese, Eheseminar, Kinderweltgebetstag.

Caritas/Dienst am Nächsten

- Christkönig: Krankenkommunion, Besuchsdienst Se-nioren, Besuchsdienst Neuzugezogene, Besuchsdienst Geburtstage, Krankenhausbesuchsdienst, Caritassprech-stunde, Besuchsdienst Seniorenheime, Wohnviertel-apostolat.
- Liebfrauen: Krankenkommunion, Elisabethenfrauen: Ge-burtstagsbesuche, Trauernde, Besuchsdienst Neuzugezo-gene, Austrägerdienst: misso, Kontinente, Sonntagsblatt.
- St. Christina: Krankenkommunion, Besuchsdienst.
- St. Jodok: Krankenkommunion, Elisabethenfrauen: Besu-che Seniorengeburtstag, Kranke, Einfach Essen (Koope-ration mit Caritas).

Seelsorgeeinheit: Organisierte Nachbarschaftshilfe, Vin-zenzmänner, Besuche Kranke, Seniorengeburtstage, Trau-ernde zuhause und Pflegeheime, Orte des Zuhörens, Sozial-beratung (Diakon Klenota), Krankenpflegeverein, Besuchs-dienst Pflegeheime ökumenisch.

Gremien/Ausschüsse

- Christkönig: KGR [Kirchengemeinderat], Verwaltungs-Ausschuss, Liturgie-Ausschuss, Ausschuss Gemeinschaft, Ausschuss Soziale Dienste, Projektgruppe Familienkirche.
- Liebfrauen: KGR, Verwaltungs-Ausschuss, Liturgie-Ausschuss, Veranstaltungs-Ausschuss, Wege-Ausschuss, AK Fundraising Haus der katholischen Kirche, AK Kindertagesstätten.
- St. Christina: KGR, Friedhof-Ausschuss, Liturgie-Ausschuss, Veranstaltungs-Ausschuss, AK Kirche am Weg.
- St. Jodok: KGR, Vernetzungskreis, Entwicklungsgruppe.

Seelsorgeeinheit: Gemeinsamer Ausschuss, Sozial-Ausschuss, Ausschuss Ökumene, Ausschuss Eine-Welt, Jugend-Ausschuss, AK Jahreskalender, Bau-Ausschuss Haus der katholischen Kirche, AK Konzeption HKK (Haus der katholischen Kirche), Prozess-Team Kirche am Ort, Pastoral-Team.

Communio/Gemeinschaft

- Christkönig: Gemeindefest Christkönigsfest, „Hocketse" Sommer und Herbst, Seniorentreff, Kirchencafé 1 x m.
- Liebfrauen: Gemeindefest 1. Advent LF, Gemeindefest Heilig Kreuz September, Helferfest (alle 2 Jahre), Seniorentreff LF, Seniorentreff HK, Ansprech-Bar 1 x m.
- St. Christina: Gemeindefest Patrozinium, Adventsbazar, Helferfest (alle 2 Jahre), St. Christina-International.
- St. Jodok: Ehrenamtsabend Sebastiansoktav (alle 2 Jahre), nach Offene-Mitte-Gottesdienst Begegnung und Gespräch bei Brot und Wein.

Seelsorgeeinheit: Gemeindefest Fronleichnam, Ehrenamtsfest (alle 2 Jahre), Gemeindewallfahrt, Interreligiöses Frauenfest, Projekt Ruh dich aus.

Gruppierungen

- Christkönig: Lektoren, Kommunionhelfer, Ministranten, Kirchenchor, Schola, Chor Zwischentöne (mit JD [Sankt Jodok]), Jugendgruppen, Jugendleiterrunde (mit JD), WichtelTreff, Gebetskreis, Familienkreis, Gruppe Regenpfeifer, Turngruppe.
- Liebfrauen: Lektoren, Kommunionhelfer, Ministranten, Kirchenchor, Schola, Vocalensemble Cantiamo, KJG, FamiliengottesdienstTeam, MutterVaterKindGruppe LF, MutterKindGruppe, HK.
- St. Christina: Lektoren, Kommunionhelfer, Ministranten, Kirchenchor, Jugendgruppen, AK Kirche am Weg, Gruppe Junge Erwachsene.
- St. Jodok: Lektoren, Kommunionhelfer, Ministranten, Kirchenchor, Schola, Chor Zwischentöne (mit CK), Jugendleiterrunde (mit CK), FagoTeam Krippenspiel.

Seelsorgeeinheit: Kinder und Jugendchöre, Ökumene, Konzil.

Einrichtungen

- Christkönig: Kirche Christkönig, Gemeindehaus Christkönig, Pfarrbüro.
- Liebfrauen: Kirche Liebfrauen, Kirche Heilig Kreuz, Gemeindehaus Liebfrauen, Gemeindehaus Heilig Kreuz, Pfarrhaus, Pfarrbüro.

- St. Christina: Kirche St. Christina, Kapelle Knollengraben, Gemeindehaus St. Christina, Pfarrbüro.
- St. Jodok: Kirche St. Jodok, Mühlbruckkapelle, Gemeindehaus St. Jodok, Pfarrbüro.

Seelsorgsraum: Gesamtkirchenpflege, Kirchliche Sozialstation, 18 Kindertagesstätten, 2 Ökum. Kleiderkammern, Läden Patchwork.

Anhang 3:
Ein Ausbildungsentwurf für Teams of Elders

„Diese Form der konzentrierten Ausbildung von Priestern, die vornehmlich *aus Gemeinden* kommen, eine ausgereifte Persönlichkeit sind, soziale Kompetenz haben und über ihre ehrenamtliche Tätigkeit in hohem Maße *gemeindeerfahren* sind, wird für den *deutschsprachigen Raum* organisiert. Es ist wünschenswert, wenn die gemeindeerfahrenen Männer einen *akademischen Abschluss* haben und auch beruflich *Leitungsaufgaben wahrgenommen* haben. Sind sie *verheiratet*, wird für die Weihe um eine Ausnahme von der Zölibatspflicht ersucht. Zu klären ist, inwieweit diese Ausbildung in der Form eines Fernkurses – vielleicht Internetgestützt – durchgeführt werden kann.

Ziel: Die Ausbildung soll auf die Tätigkeit als Gemeindepriester (in einem gemeindlichen Presbyterium) vorbereiten.

Dazu braucht es:

Arbeitsfeldkompetenzen

- Vorstehen in einer gemeindegetragenen Liturgie
- Predigtkompetenz – wo der Predigtdienst in engem Zusammenspiel mit Personen geschieht, die auf die Predigt hin das Evangelium meditieren
- Mystagogische wie katechetische Grundkenntnisse (vor allem für die gemeindliche Sakramentenvorbereitung)
- Seesorgliche Kompetenz (Begleitung von Lebensgeschichten in guten und bösen Zeiten aus der Kraft des Evangeliums; Förderung einer Kultur der Umkehr und in

diesem Rahmen die Fähigkeit, das Bußsakrament ‚frucht-
bar' zu feiern)
- Diakonale Grundkompetenz (Verknüpfung von Gottes-
und Nächstenliebe in konkreten gemeindlichen Diako-
nieprojekten)

Leitungskompetenzen

- Leitung einer gläubigen und aktiven Gemeinde im Team
(Vision, Analyse, Projekt) – Fähigkeit zur andauernden
Gemeindeentwicklung (Organisationsentwicklung)
- Fähigkeit zur Führung und Begleitung von Ehrenamtlichen (in den verschiedenen Tätigkeitsfeldern) (Personalentwicklung)
- Sichern, dass die Gemeinde in der Spur des Evangeliums
bleibt – was gegebenenfalls auch die Fähigkeit zu prophe-
tischem Widerstand verlangt
- den Verbund der anvertrauten Gemeinde mit der Ortskirche (Presbyterium) symbolisieren und gewährleisten

Vermittlung theologischer Grundkompetenzen

Die dreijährige Ausbildung enthält folgende Bausteine:

Eine gründliche Kenntnis der Glaubenstradition

- Bibelwissenschaften
- Patrologie und Kirchengeschichte
- systematische und spirituelle Theologie – wie und was die
Kirche heute lehrt und was das für den persönlichen und

gemeindlichen Glaubensweg unter den Bedingungen einer modernen Kultur bedeutet

- die eigene Glaubenstradition auf dem Hintergrund anderer subjektiver (Un)Glaubensentwürfe (andere Religionen, andere christliche Konfessionen, aber auch naturalistischer Humanismus, fernöstliche Religionen, Islam, Atheismus) bedenken

Eine gediegene Gegenwartskunde (Zeichen der Zeit) – Mensch und Gesellschaft

- Philosophie
- Anthropologie
- Sozialwissenschaft
- Psychologie
- Zur Lage des Glaubens heute…

Erwerb von Tätigkeitsfeld- und Leitungskompetenzen

Dazu arbeiten die traditionellen theologischen Disziplinen transdisziplinär zusammen. Näherhin heißen die interdisziplinär bedienten Ausbildungsfelder:

- gemeindegetragener Liturgie vorstehen
- heute (mystagogisch und gemeindekatechetisch) den Glauben an atheisierende und spirituell suchende moderne Zeitgenossen tradieren
- Wortkompetenz (Predigt, Öffentlichkeitsarbeit der Gemeinde…)

- lebensbegleitende Seelsorgskompetenz samt der Kompetenz, Umkehrgeschichten wirkmächtig zu begleiten und sakramental zu feiern
- aus der Kraft der Gottesliebe auf die Seite der Bedrängten treten (gemeindliche Diakonie, Zusammenspiel mit der Caritas…, Caritaswissenschaft, Sozialpastoral)
- Leitung und Kooperation (Organisations- und Personalentwicklung)